鎌倉 OXYMORON の
スパイスカレー

スパイス5つからはじめる、旬の野菜たっぷりの具だくさんカレー

村上愛子

マイナビ

はじめに

かつて私は、2人の子どもを育てながら、カレーのことばかり考えていました。
もともと食べること、作ることが好きで、様々なものを一から作るうちに、
スパイスの味や香り、刺激、配合の楽しさに、すっかり魅了されてしまったのです。
ひたすらにカレーを作り、カレーを食べに行く日々。自分の追い求めるカレーを見つけるために、世の中にあるすべてのカレーを食べたいとさえ思っていました。

それと同時に、いつか自分のお店をもちたいと思うようになりました。
自分で作ったカレーを自分で作ったお皿に盛り付けること、サラダではなくお漬けものを出すこと、カレーの後にはくるみのおやつをキャンディのように包んでそっとおくこと、ていねいに淹れたコーヒーやごく当たり前においしいチーズケーキやプリンもメニューに入れること、心地良い空間やそこに流れる音楽のことまで妄想を膨らませながら、人に会う度に「私、カレー屋をやるんです」と言い続けました。

縁あって、二子玉川でカレー屋をはじめたのは12年前。
それまで飲食店で働いたことがほとんどなかったので、今思えば学芸会のようなお店でしたが、手間と時間をかけた本当においしいものを作りたくて、子どもたちが寝た後もお店に戻っては仕込みを続けました。そこであっという間の5年を過ごし、広いキッチンと空と海風を求めて鎌倉へ行くことになり、2008年10月、OXYMORON（オクシモロン）はオープンしました。

カレーはスパイス料理と捉えています。
伝統的なインド料理や欧風カレーも良いけれど、日本は独自のカレー文化がある国なので、これまでのカレーの概念を覆すようなオリジナルのカレーがあっても良いと思っています。多くの人においしいと思ってもらえる味を探し、ほかにはないものを作ろうと、今も日々試行錯誤しています。とにかく、食べてくださった方の喜ぶ顔が見たいその一心で、カレーを作っています。

この本は、オクシモロンで出しているカレーをベースに、家庭でも作りやすいようにと考えたレシピです。私が魅せられたカレーの世界を少しでも感じていただければ幸いです。

OXYMORON
村上愛子

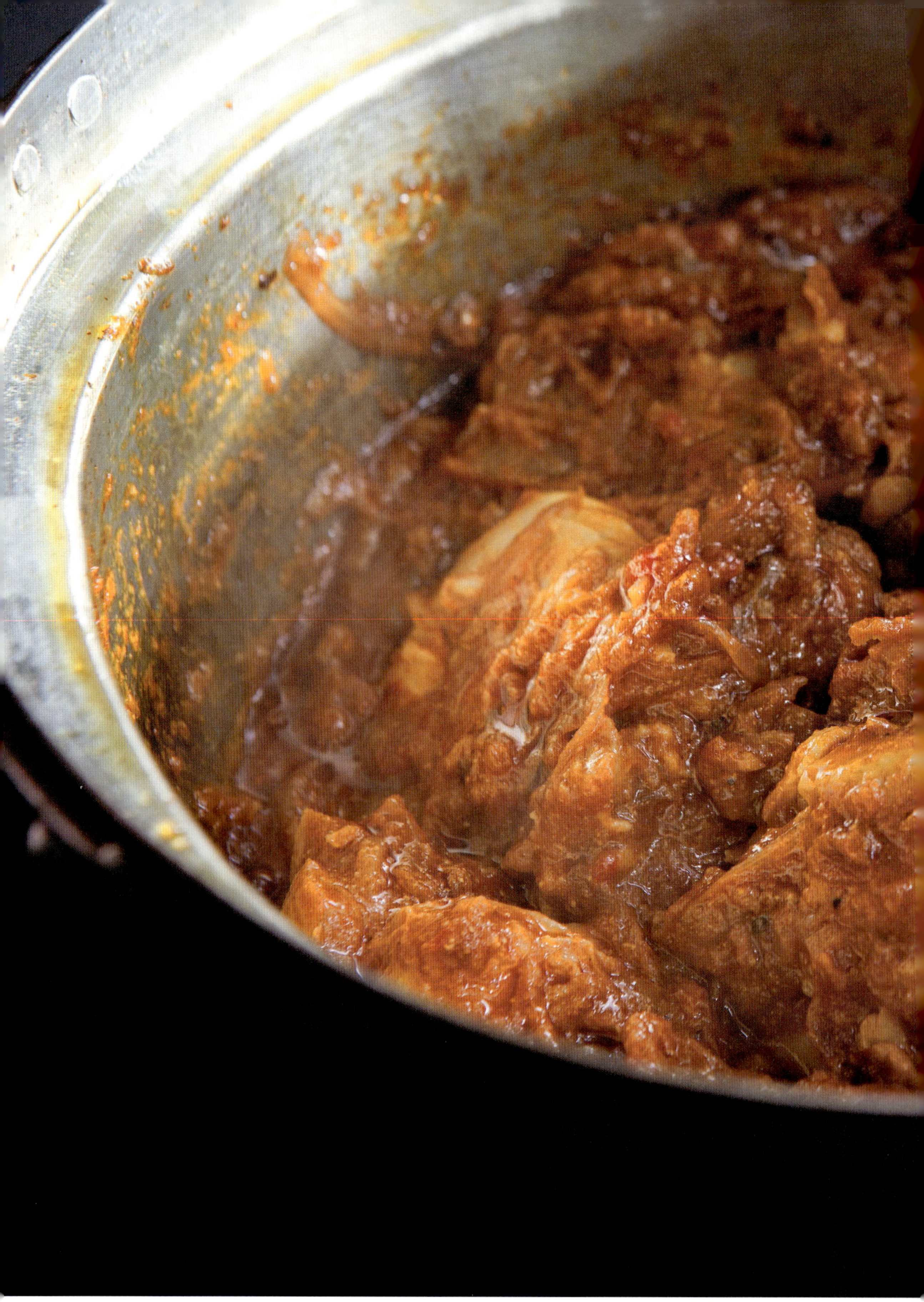

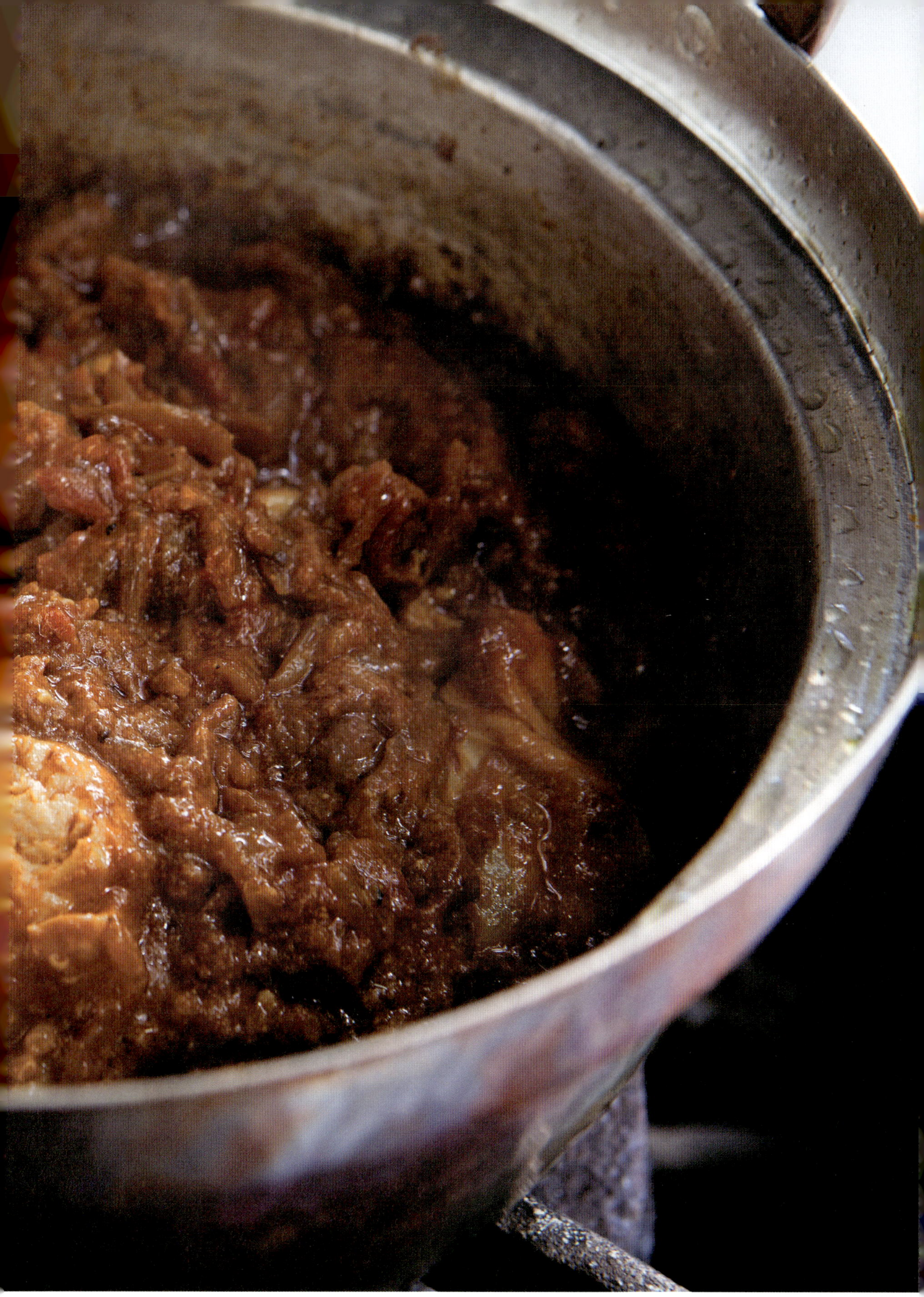

contents

- 3 はじめに
- 8 OXYMORONのスパイスカレー 5つのポイント
- 10 スパイスについて

13 CHAPTER 01
はじめの5スパイスで作るカレー

5 BASIC SPICES

- 14 チキンカレー
- 20 エスニックそぼろカレー
- 22 ひよこ豆とごぼうのポークカレー
- 24 豚とゴーヤのカレー
- 26 鶏とキャベツのタッカルビ風カレー
- 28 さつまいもと鶏のココナッツカレー
- 30 ネパール風コリアンダーチキンカレー
- 32 8種の野菜とラムのスープカレー
- 34 豚と白菜のマイルドカレー
- 36 ベジカレー

38 COLUMN 01 朝、はじまりのカレー
野菜たっぷりのサンバル

41 CHAPTER 02
具材別のとっておきカレー

CHICKEN 鶏肉
- 42 ベトナム風チキンカレー
- 44 タイ風イエローカレー
- 46 スリランカ風チキンカレー
- 48 バターチキンカレー
- 50 ミントチキンカレー

PORK 豚肉
- 52 豚バラスープカレー
- 54 台湾風カレー
- 56 ポークビンダル

MINCED MEAT 挽き肉
- 58 和風キーマカレー
- 60 なすと挽き肉のカレー
- 62 鶏そぼろカレー
- 64 挽き肉ともやしのスープカレー

BEEF 牛肉
- 66 ビーフカレー

BEANS, FISH, VEGETABLES 豆、魚、野菜
- 70 3種の豆カレー
- 72 スリランカ風ダルカレー
- 74 夏野菜のカポナータカレー
- 76 ごろごろ野菜カレー
- 78 あさりとトマトのカレー
- 80 スリランカ風魚カレー

82 COLUMN 02 特別な日のカレー
ローストポークと玉ねぎのスープカレー
果物のサラダ／カレードレッシング

87 CHAPTER 03
カレーのおとも 付け合わせとごはん

- 88 豆のマリネ
  紫キャベツのコールスロー
  タブレ
- 90 野菜のカレーピクルス
  オクシモロンのお漬けもの
  にんじんのラペ
- 92 アチャール
  ネパール風アチャール
  にんじんのライタ
  ポルサンボル
- 94 ごはんのバリエーション
  オクシモロンのごはん
  クミンライス
  ターメリックライス
  しょうがライス
- 96 チャパティ

97 CHAPTER 04
甘いものと飲みもの

- 98 焼きりんご
- 99 いちごのクルフィ
- 100 シュリカンド
- 101 バナナのマリネ
- 102 マサラチャイ
- 103 ゆず水／ラッシー
- 104 レモネードシロップ
  パナシェ／レモネード
- 105 ジンジャーシロップ
  シャンディガフ／ホットジンジャー

106 COLUMN 03 スパイスを配合する
  ガラムマサラ
  スリランカカレーパウダー
  アリッサ

- 108 OXYMORON のこと
- 110 お店で使うイイホシユミコさんの器
- 111 手作りの甘いもの
  スタッフのエプロンとコックコート

料理をする前に
- 塩は自然塩、こしょうは黒こしょうを使用しています。
- 砂糖は、とくに記載がない場合は三温糖やきび砂糖を使用しています。
- この本で使用している計量カップは200㎖、計量スプーンは大さじ1＝15㎖、小さじ1＝5㎖です。
- トマト缶は使いやすいカットトマトを使用しています。
- オーブンはガスオーブンを使用しています。温度や時間はご家庭の機種によって異なるので調整してください。
- 火加減は、とくに記載がない場合は中火です。ただし、具材や鍋、コンロの状態によって、でき上がりが変わってくるので、鍋の中をよく見て、火加減を調整してください。
- 長く煮込むタイプのカレーは、途中、水分量を調整してください。また、塩加減やスパイス加減も、材料や野菜によって異なります。何度も味見をして調整してください。
- あらかじめ、材料を切っておくこと、スパイスを計量しておくこと。このふたつをやっておくと、あとの調理がスムーズになります。

OXYMORONのスパイスカレー
オクシモロン
5つのポイント

1 和の調味料が隠し味の、ごはんに合うカレー

オクシモロンのカレーは、日本のごはんと一緒にお出しします。そのため、隠し味に、しょうゆやみりん、酢、みそ、かつおぶしなど、普段の料理に使う材料を多く使っています。スパイスと材料の組み合わせが、絶妙な味を生み出し、ごはんにも合うカレーになるのです。

2 旬の野菜がたっぷりで、ごろごろ具だくさん

季節の野菜をたっぷり、本当にたっぷりと加えるのが、オクシモロンのカレーの大きな特徴。旬であれば、菜の花やゴーヤ、とうがんなど、カレーの具にはどうなの？　と思われがちなちょっと意外な食材も、臆せず使います。ごろごろ具だくさんのカレーは、食べ応え十分です。

3 辛さは控えめなので、好みの辛さに調整を

お店のカレーは5段階で辛さを選べます。辛さの好みは人それぞれなので、この本では、辛さ控えめにしてあります。辛いのがお好きな方は、カイエンペッパーを加えて、好みの辛さに調整してください。辛いだけでなく、風味や香りも増したカレーができ上がります。

4 味の決め手は炒めた玉ねぎ

ほぼ、すべてのカレーに玉ねぎが入ります。この、玉ねぎの炒め具合ができ上がりの味を左右する大事なポイント。甘さを引き出し、スパイスの香りをより引き立てます。炒め終わりの目安は主に4種。比較的、強めの火加減で炒めるのがポイントで、とくに濃い茶色は、焦げる直前くらいまで炒めて水分を飛ばします。

透き通るくらい 　　薄茶色 　　茶色 　　濃い茶色

5 たっぷりの薬味やフレッシュハーブで仕上げを

香菜や万能ねぎ、みょうがや大葉などの薬味やフレッシュハーブを、ざっくりと切って、でき上がったばかりのカレーにワサッとたっぷりのせます。スパイシーなカレーに、これらの薬味が合わさると、フレッシュな食感と香りが広がり、さらにおいしく召し上がっていただけます。

スパイスについて

この本で使用した主なスパイスについて、特徴や使い方などを詳しく紹介していきます。ホールやパウダー、ブレンドなどを含め、種類豊富なスパイスを、上手に使いこなしましょう。

はじめの5スパイス

まずは手に入りやすい基本の5つのスパイスから。
CHAPTER01（P13～）では、
この5つでできる本格的なカレーを紹介します。

ホールスパイス	種子、実、根、茎、葉など、スパイスの原型そのままのもの
パウダースパイス	ホールスパイスを粉に挽いたもの
ブレンドスパイス	いくつかのスパイスがブレンドされたもの

ターメリック

ウコンの名でも知られる、カレーのスパイスの中でも最もポピュラーなスパイスがターメリックです。鮮やかな黄色が、食欲をそそるカレーのおいしそうな黄金色を作ります。しょうがの仲間ですが、辛味はありません。北インド系のカレーに多用されます。

クミン

カレーといえば、この香り。誰にでも受け入れやすい柔軟な味と香りが特徴です。ホールタイプは、材料を炒める前の油に香りを移すスタータースパイスとしてや、仕上げに香りを加えるテンパリングのときに使います。

コリアンダー

香菜の種子で、カレーパウダーの主要な原料のひとつ。柑橘系の爽やかな香りが特徴で、複数のスパイスを使うときに、バランスをとってまとめてくれる調和のスパイスです。パウダータイプは、カレーのとろみ付けとしても使います。

ガラムマサラ

クミンやシナモン、カルダモンをベースに配合されたブレンドスパイス。オクシモロンでは、お店独自に配合したもの（P106）を最後の仕上げに加えて香りを出します。温め直すときに加え直すと、カレーの香りがより引き立ちます。

カレーパウダー

何十種類ものスパイスが配合されたブレンドスパイス。メーカーによって配合が異なり、味や香りにそれぞれ特徴があるので、好みのものを見つけてください。オクシモロンでは、クセがなくアレンジしやすい「C&B 純カレーパウダー」を使用しています。

さらに香り豊かなスパイス

ここからは、CHAPTER 02（P41～）で出てくる
さらに本格的なスパイスやハーブなどを紹介します。
なかには手に入りにくいものもあるので、
似たもので代用するか、そのスパイス抜きで作っても構いません。

ブラックペッパー

すっきりとした辛味と野性味溢れる香りで、カレー全体の味をキリッと引き締めてくれる、名脇役。しっかり効かせたいときは、仕上げにガリガリとミルで挽きます。

ホワイトペッパー

ブラックペッパーの皮をむいたもの。ブラックペッパーよりも辛味が強く繊細な香りが特徴です。素材そのものの風味を活かして調理する場合や、色の淡い料理に用います。

カイエンペッパー

強い辛味がありますが、ただ辛いだけでなく、加えることで香りや風味も増します。ホールのカイエンペッパーは、種をとりのぞくと辛さがだいぶ和らぎます。

ベイリーフ

ローリエとも呼ばれ、月桂樹の葉を乾燥させたもの。青臭さを取り除き、爽やかな甘みを風味付けることができます。肉料理やスープなどによく使われます。

マスタードシード

作りはじめに油で炒めて香りと成分を引き出すスタータースパイスとして使います。黒、茶、白の3種類があり、辛味はそれぞれ異なります。この本では基本的にブラウンを使用。

クローヴ

甘さのある独特な香りが特徴。パウダーは、使い切れず香りが飛んでしまいがちなので、この本ではホールを使用。煮込むと柔らかくなるのでホールでも気になりません。

フェンネルシード

フェンネル（ういきょう）の種。カレーらしいスパイスのひとつで、強くクセのある味です。インド料理店では、砂糖がけされたものが食後のお口直しに出されることもあります。

パプリカパウダー

唐辛子の仲間で、辛味のないパプリカをパウダー状にしたもの。辛味を加えずにカレーを色付けしたいときに使います。甘酸っぱさを感じる独特な香りも特徴です。

カルダモン

甘く爽やかな香りが特徴で、スタータースパイスのほか、チャイやお菓子にも使います。インドでは気持ちを落ち着かせるためにハンカチに一粒入れたりもします。

ビッグカルダモン

ブラックカルダモンとも呼ばれ、2cmほどの大きさです。普通のカルダモンよりも香りが強く、野生的な風味を放ちます。数あるスパイスの中でも高級なものとされています。

シナモン

クスノキ科の樹皮を乾燥させたシナモンは、なじみのあるスパイスのひとつです。ほのかな甘みと辛味、香りが特徴で、肉の匂い消しや、製菓の材料としても使用されます。

セイロンシナモン

スリランカ産のシナモン。普通のシナモンよりも柔らかくて手でほぐすと細かくなるので使いやすく、ひなびたような香りと風味が特徴です。スリランカ系のカレーに使用。

カシア

シナモンとは親戚筋にあたる、最も古いスパイスのひとつ。香りが強く、甘みの中にほのかに感じる苦味があります。これだけを煮出したカシア茶は、かぐわしい甘さです。

八角

スターアニスとも呼ばれ、独特な香りはとくに肉料理に良く合います。中国のスパイス、五香粉の原料でもあります。カレーに少量加えてアクセントにします。

五香粉

ウーシャンフェンと読み、シナモン（カシア）、クローヴ、八角、花椒、フェンネルをブレンドした、中国の代表的ブレンドスパイス。材料の臭み消しや香り付けに用いられます。

ランペ

南アジアの熱帯に原生するハーブの一種で、独特な甘い香りがあります。別名パンダンリーフ。乾燥させたものもありますが、冷凍タイプがおすすめです。

カレーリーフ

独特の香りがあり、南インドやスリランカの一部の地域ではこれがないと料理できないといわれるほど。乾燥させたものが一般的ですが、手に入るなら生か冷凍がおすすめです。

スリランカカレーパウダー

コリアンダーの配合が多く、インドのカレーパウダーとは、ひと味違うブレンドスパイスです。トゥナパハとも呼ばれています。スリランカ系のカレーに使っています。

フェヌグリーク

カレーパウダーの原料として用いられることが多く、葉の部分はカスリメティと呼ばれています。じっくり火を通すことで、フェヌグリーク特有の苦味が和らぎます。

CHAPTER **01**

はじめの
5スパイスで
作るカレー
5 BASIC SPICES

P10で紹介した、5つの代表的なスパイスで作る
10のカレーを紹介します。
比較的作りやすいレシピで、
時間をかけずにできるカレーが多いので、
まずは、ここから試してみてください。
とくに、次ページからのチキンカレーは
基本的な工程を細かく見せています。
本格的なカレーを作るのは初めてという方には、
ぜひ、挑戦していただきたいカレーです。
気に入ったレシピがあれば何度も試して、
スパイスと仲良くなってください。

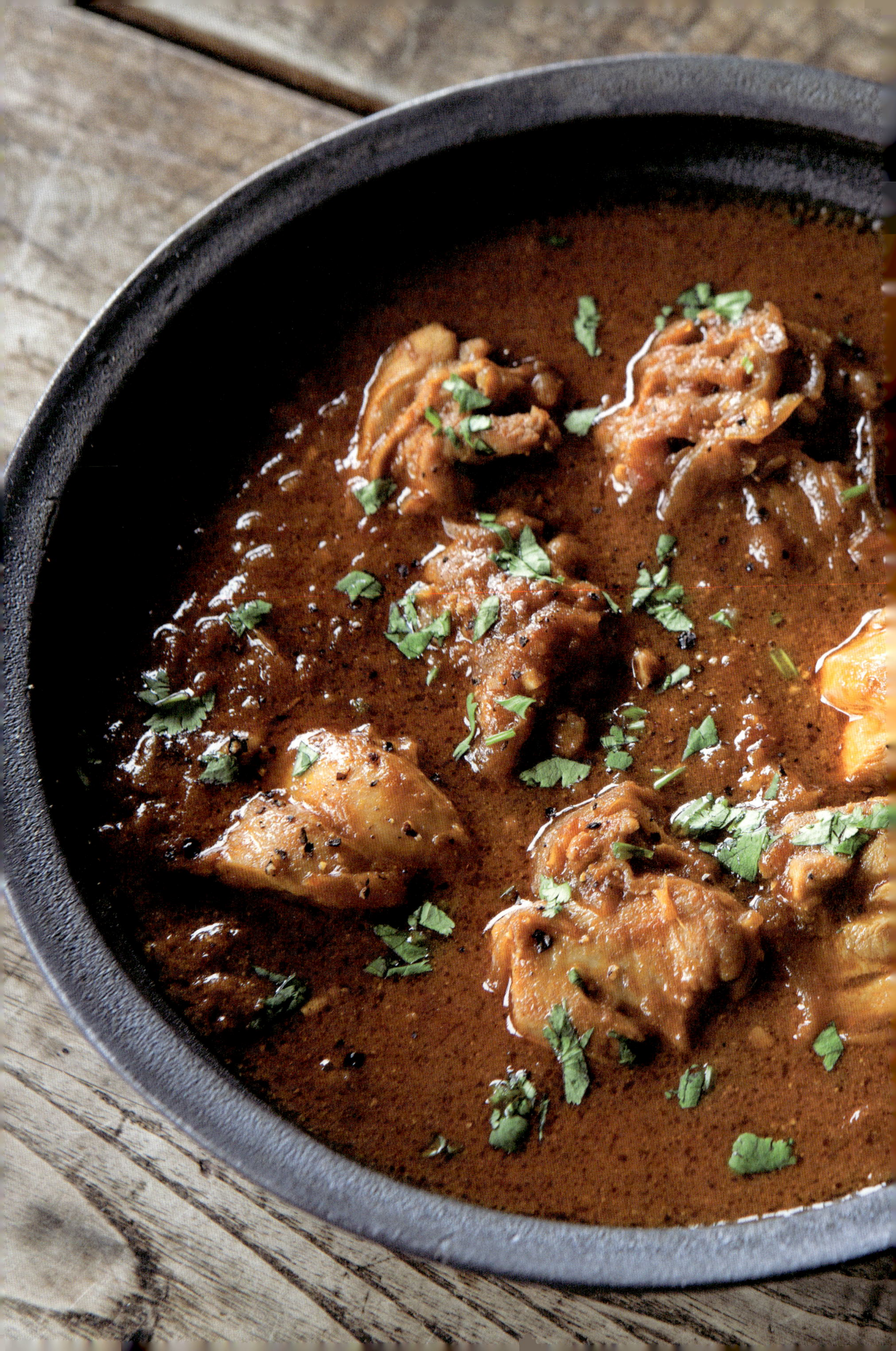

5 BASIC SPICES
チキンカレー

メインの具材は鶏肉だけの
シンプルで作りやすいチキンカレーです。
お店のレシピとは別のものですが、
まずはこちらで手順をしっかりと覚えてください。
ポイントは、次の工程に行く前に、
お鍋の中がおいしい状態になっているのを確認すること。
この積み重ねで、おいしいカレーに仕上がります。
バターにガラムマサラを溶かしたものを最後に加えて、
味と香りに奥行きを出すのがこのレシピの特徴。
焦がさないように気を付けてください。
慣れてきたら、具材やスパイスを追加して
自分流のカレーにアレンジしてみてください。

チキンカレー

材料（2〜3人分）

鶏もも肉 —— 300g
A ┌ ヨーグルト —— 100g
　├ 塩 —— 小さじ1
　└ こしょう —— 少々
玉ねぎ —— 中1と1/2個
にんにく（みじん切り）—— 2片分
しょうが（みじん切り）—— 大きめ1片分
サラダ油 —— 大さじ4
クミンシード —— 小さじ1
トマト缶 —— 300g

B ┌ クミンパウダー —— 大さじ1
　├ コリアンダーパウダー —— 大さじ1
　├ ターメリック —— 小さじ1
　└ 塩 —— 小さじ1/2
しょうゆ —— 小さじ1
水 —— 300㎖
はちみつ —— 小さじ2
バター —— 20g
ガラムマサラ —— 小さじ1
香菜 —— 適量

クミン
コリアンダー
ターメリック
ガラムマサラ

作り方

1　具材の準備をする

鶏肉は皮を外して大きめのひと口大に切り、**A**を揉み込んで1時間からひと晩おく。ヨーグルトに漬けることで、肉が柔らかくなり、下味もよくなじむ。長くおく場合はラップをして冷蔵庫に入れる。玉ねぎは縦横半分に切ってから繊維に沿って薄切りにする。にんにく、しょうがはできるだけ細かいみじん切りにする。

2　スタータースパイスを炒める

鍋にサラダ油とスタータースパイスのクミンシードを入れて弱めの中火に熱する。スパイスの香りと成分を、熱した油にしっかり移す。

＊スタータースパイス
ホールのスパイスは、火が通りにくく、香りの持続力があるので、調理のはじめに使うことが多く、スタータースパイスと呼ばれる。

クミンシードのまわりからふつふつと泡が立ってきたら、にんにく、しょうがを加えて炒める。

3 　玉ねぎを炒める

香りが立ったら玉ねぎを加える。

火加減は中火〜中強火。火が弱すぎるとなかなか色付かないので、少し強いかなと感じるくらいが目安。

あまり混ぜすぎず、鍋底の玉ねぎが色付いたら全体を返す、を繰り返す。

多少の焦げは気にしなくても大丈夫。濃い茶色になるまで炒める。

炒め終わりの目安。鍋や火加減にもよるが、10分くらいを目安にじっくり炒める。

4　トマトを炒める

トマト缶を加え、水分を飛ばすようにしながら中強火で炒める。トマト缶はカットトマトが使いやすいが、ホールタイプでも良い。その場合は加える前につぶす。

トマト缶の水っぽさがなくなり、油がにじみ出てきたら、火を少し弱めて**B**を加え混ぜ合わせる。パウダースパイスは焦げやすいので、鍋に直接触れないように、クッション（具材）の上に加える。スパイスが全体に回って、香りが立ってくるまで炒める。

5　鶏肉を加えて煮る

1の鶏肉を漬け汁ごと加えて炒める。

鶏肉の色が変わったら、しょうゆ、水を加えて7〜8分煮る。火加減は、煮立つまでは中強火。煮立ったら中弱火にして、表面が軽くふつふつとするくらいにする。途中、水が減るようなら適宜足し、具材にかぶるくらいをキープする。

鶏肉に火が通り、全体がとろりとしたら煮終わり。はちみつを加えてひと混ぜする。

6 テンパリングをする

仕上げにテンパリングをする。まず、小鍋にバターを入れて中弱火に熱する。

＊テンパリング
油で熱したスパイスを、煮込んでいるカレーに油ごと加える仕上げの技法。ジュワッという食欲をそそる音とともに、スパイスの香りと風味が引き立ったカレーに仕上がる。

バターが溶けたらガラムマサラを入れる。

鍋をゆらしながら、ガラムマサラがバターに混ざって香りが立つまで加熱する。

カレーに加え、ひと混ぜする。

でき上がり。器に盛り、刻んだ香菜を散らす。

5 BASIC SPICES
エスニックそぼろカレー

たっぷりの薬味を添えて食べたいそぼろカレー。
エスニックそぼろはナンプラーと砂糖でタイ風の味付けに。
スパイスは挽かずに作って、わざと粒感を残すのもおすすめです。
食べる前にレモンを絞ると、爽やかな香りが加わりさらにおいしい。

コリアンダー
クミン

材料（2〜3人分）

豚挽き肉 —— 300g
A ┌ にんにく —— 1片
　├ しょうが —— 1片
　├ 青唐辛子 —— 2本
　├ コブミカンの葉 —— 2〜3枚
　└ 香菜の根 —— 2本分
B ┌ コリアンダーシード —— 小さじ2
　├ クミンシード —— 小さじ1
　└ こしょう —— 小さじ1
サラダ油 —— 大さじ2
砂糖 —— 小さじ2
ナンプラー —— 大さじ2
ナッツ（カシューナッツ、松の実、ピーナッツなど） —— すべて適量
薬味（三つ葉、香菜、大葉、小ねぎ） —— すべて適量
糸唐辛子、レモン —— 各適量

コブミカンの葉
タイ、マレーシア原産の柑橘類の葉で、爽やかな強い香りが特徴。インターネットなどで冷凍タイプを購入できます。

作り方

1. **A**はすべてみじん切りにして、合わせてさらに包丁で細かく刻む。

2. **B**をミルで挽く。または、瓶の底などでつぶして砕く（a）か、パウダースパイスを使っても良い。

3. ナッツ類は乾煎りして砕く。薬味類は三つ葉と香菜は1.5cm長さ、大葉はせん切り、小ねぎは小口切りにする。それぞれ、たっぷり用意するとおいしい。

4. フライパンにサラダ油を熱し、**1**を炒める（b）。香りが立ったら豚肉を加え、へらで混ぜながら炒める。豚肉の色が変わったら**2**を加え（c）、砂糖、ナンプラーを加えてさらに炒める。

5. 豚肉がパラパラとして水分が飛び、油が分離して香ばしい焼き色が付いたら火を止める（d）。

6. 器にごはん（分量外）を盛り、**5**をかけ、ナッツ、薬味をたっぷりのせる。糸唐辛子をのせ、くし形に切ったレモンを添える。

＊ナッツと薬味の種類はお好みで。クレソンや豆苗などをのせてもおいしい。

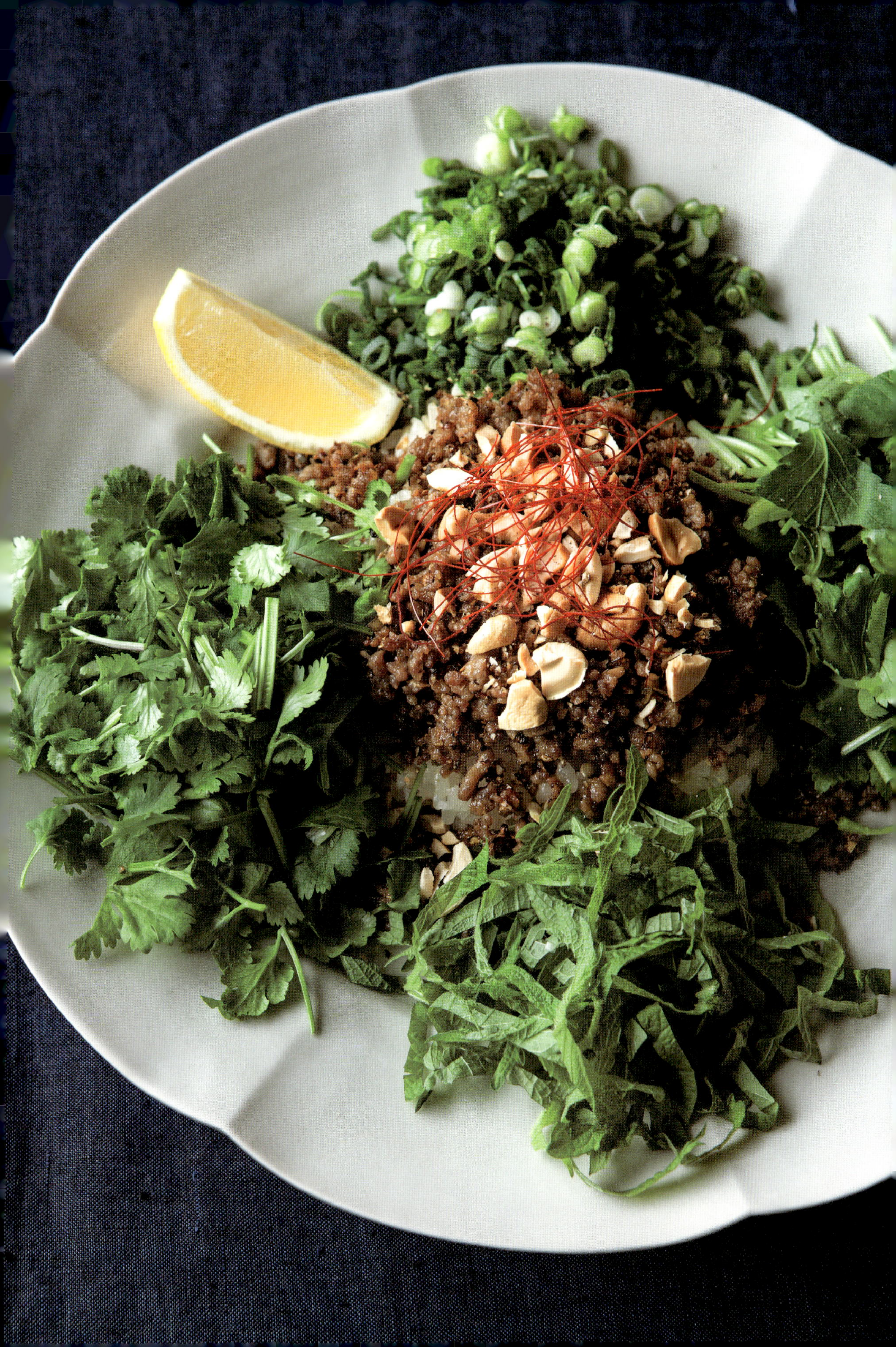

5 BASIC SPICES
ひよこ豆とごぼうのポークカレー

ごぼうの旨味を存分に感じられる、滋味深いカレー。
豆のホクホク感にごぼうのしっかりとした食感、
香ばしいアーモンドの歯ごたえがアクセントに。
旨味が詰まった煮汁はおいしさの秘訣なので、ぜひ乾燥豆で。

クミン
コリアンダー
ターメリック
ガラムマサラ

材料（2〜3人分）

ひよこ豆（乾燥） —— 50g
ごぼう —— 1/2本
豚肩ロース肉 —— 200g
A［ 塩 —— 小さじ1/2
　 こしょう —— 少々 ］
玉ねぎ —— 大1個
サラダ油 —— 80㎖
クミンシード —— 小さじ2
にんにく（みじん切り） —— 2片分
しょうが（みじん切り） —— 1片分
B［ コリアンダーパウダー —— 大さじ1と1/3
　 クミンパウダー —— 大さじ1
　 ターメリック —— 小さじ1/2 ］
トマト缶 —— 150g
C［ アーモンド —— 20g
　 しょうゆ —— 大さじ1
　 ナンプラー —— 小さじ1 ］
塩 —— 適量
ガラムマサラ —— 適量
アーモンド、こしょう —— 各適量

作り方

1. ひよこ豆はたっぷりの水にひと晩浸けて戻し、柔らかくなるまで煮る（茹で汁はとっておく）（a）。

2. ごぼうは8㎜厚さの斜め切り、豚肉は1.5㎝角に切ってAをよく揉み込む。玉ねぎは1㎝角に切る。Cのアーモンドは粗めに砕く。

3. 鍋にサラダ油とクミンシードを入れ、弱めの中火にかける。クミンシードのまわりからふつふつと泡が立ってきたら、にんにく、しょうがを加えて炒める。香りが立ったら玉ねぎを加え、中火で茶色になるまで炒める（b）。

4. 豚肉を加えて炒め、色が変わったらBを加える（c）。スパイスが全体に回ったらトマト缶を加え、水分を飛ばすようにしながら炒める。ひたひたになるくらいまで水（分量外）を加え、沸いたら火を弱め、アクをとりながら豚肉が柔らかくなるまで30分ほど煮る。

5. 豚肉が柔らかくなったらごぼうを加えてさらに5分ほど煮て、1の豆を加え、ひたひたになるくらいまで茹で汁を加える（d）。

6. Cを加え、塩で味をととのえる。ガラムマサラを加えてさっと煮て器に盛り、乾煎りしたアーモンドを飾り、こしょうをふる。

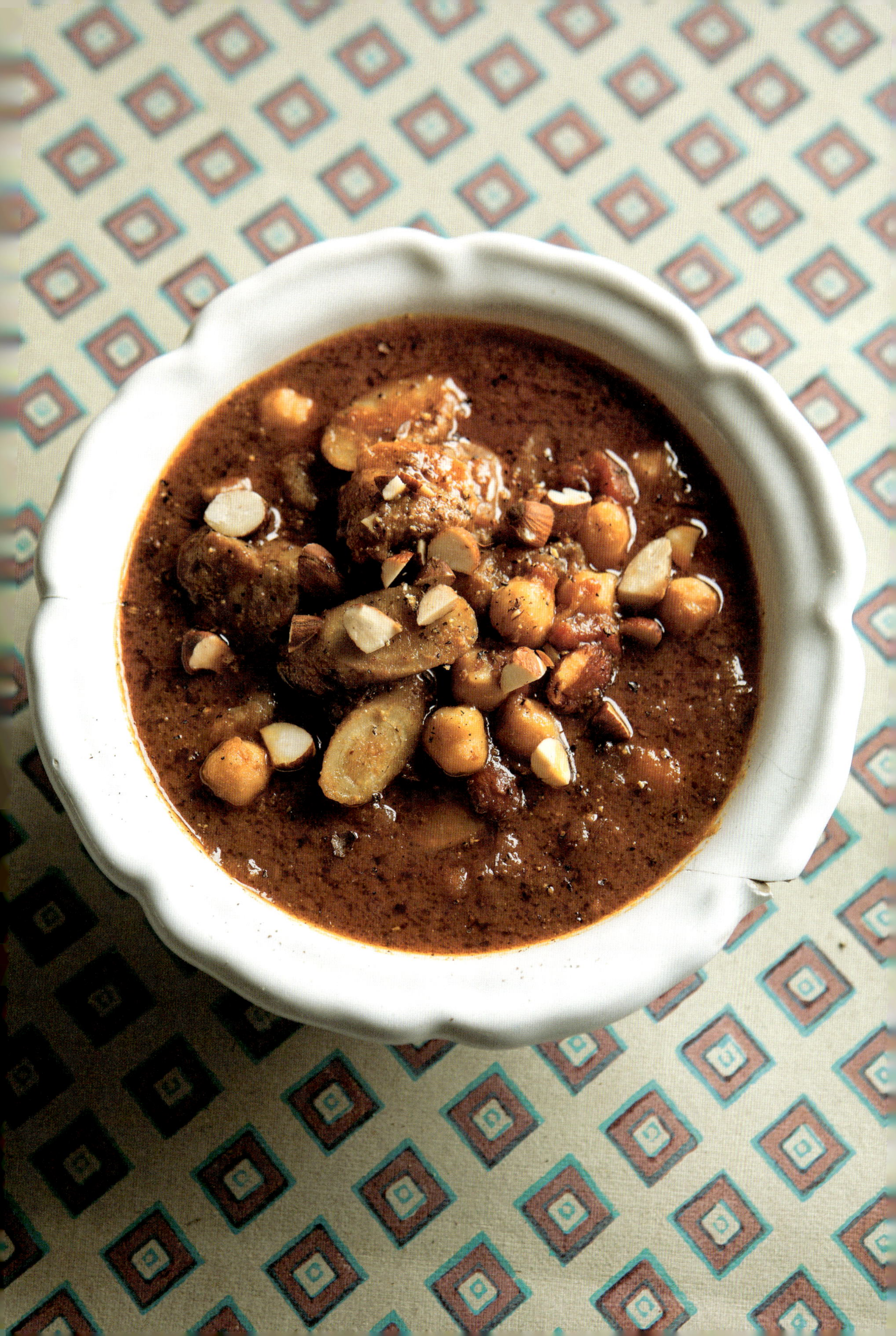

5 BASIC SPICES

豚とゴーヤのカレー

見た目のとおり、ゴーヤチャンプルからヒントを得た一品。
ゴーヤからほんのり感じられる苦味とスパイスが絶妙の組み合わせです。
豆腐は少しくらい崩れても良いので、絹ごし豆腐を使うのがおすすめ。
水分が出ないようさっと煮込む、夏ならではのカレー。

クミン
コリアンダー
ターメリック
ガラムマサラ

材料（2〜3人分）

豚肩ロース肉 —— 300g
A ┌ 塩 —— 小さじ1
　└ こしょう —— 少々
ゴーヤ —— 1本
絹ごし豆腐 —— 1丁
玉ねぎ —— 1と1/2個
サラダ油 —— 100㎖
クミンシード —— 大さじ1
にんにく（みじん切り）—— 2片分
しょうが（みじん切り）—— 2片分
B ┌ クミンパウダー —— 大さじ1
　│ コリアンダーパウダー —— 大さじ1
　└ ターメリック —— 小さじ1と1/2
水 —— 250㎖
しょうゆ —— 大さじ2
塩、こしょう —— 各適量
ガラムマサラ —— 適量

作り方

1 豚肉は1.5㎝角に切り、**A**をよく揉み込む（a）。ゴーヤは種を除いて8㎜厚さの半月切りにし、塩少々（分量外）をふっておく（b）。豆腐は軽く水切りして1.5㎝厚さの3㎝角のやっこ状、玉ねぎは1㎝角に切る。

2 鍋にサラダ油とクミンシードを入れて弱めの中火にかける。クミンシードのまわりからふつふつと泡が立ってきたら、にんにく、しょうがを加えて炒める。香りが立ったら玉ねぎを加え、中火で茶色になるまで炒める（c）。

3 豚肉を加えて炒め、色が変わったら**B**を加える。スパイスが全体に回ったら水を加え、沸いたら火を弱め、アクをとりながら豚肉が柔らかくなるまで30分ほど煮る（d）。

4 しょうゆ、塩、こしょうで味をととのえ、豆腐をそっと加える。豆腐が温まったら、水けを絞ったゴーヤ、ガラムマサラを加え、さっと煮る。器に盛り、こしょうをふる。

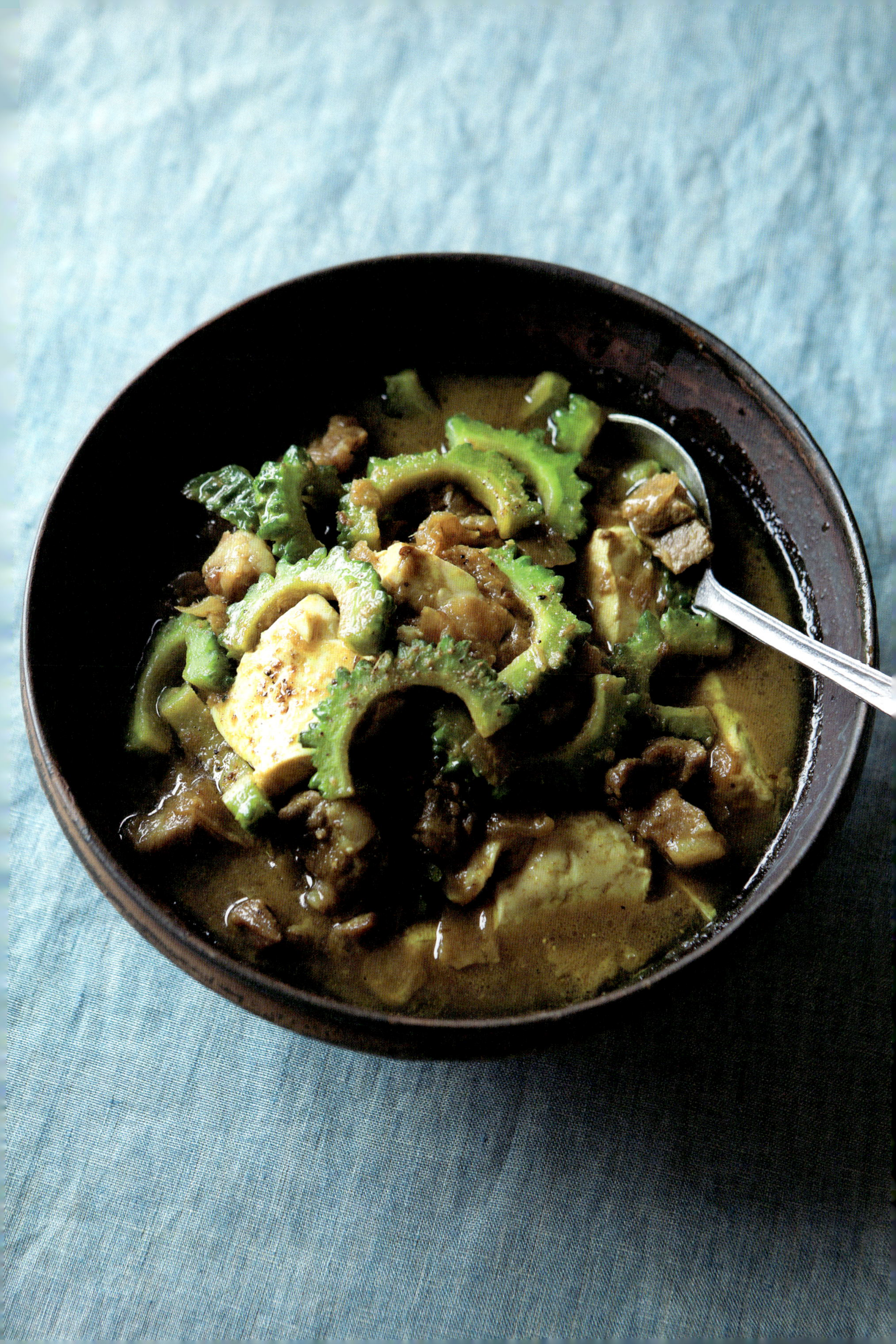

5 BASIC SPICES
鶏とキャベツのタッカルビ風カレー

韓国料理のタッカルビ（鶏肉と野菜の炒めもの）をイメージしたカレー。
ごま油とスパイスの組み合わせは、思いのほか好相性。
野菜はさっと炒め煮するくらいで仕上げると良いです。
柔らかくて瑞々しい、春キャベツでぜひ作って欲しい一品。

- クミン
- コリアンダー
- カレーパウダー
- ターメリック
- ガラムマサラ

材料（2～3人分）

- 鶏もも肉 —— 300g
- キャベツ —— 1/2個
- 赤、黄パプリカ —— 各1/2個
- ピーマン —— 2個
- 玉ねぎ —— 1と1/2個
- A
  - サラダ油 —— 大さじ5
  - ごま油 —— 大さじ1と1/3
  - クミンシード —— 小さじ2
- にんにく（みじん切り）—— 2片分
- しょうが（みじん切り）—— 1片分
- 八丁みそ —— 小さじ1
- コチュジャン —— 大さじ1
- B
  - クミンパウダー —— 小さじ2
  - コリアンダーパウダー —— 小さじ2
  - カレーパウダー —— 小さじ1と1/2
  - ターメリック —— 小さじ1
- トマト缶 —— 50g
- 水 —— 200mℓ
- しょうゆ —— 大さじ2
- 砂糖 —— 小さじ1
- 塩、こしょう —— 各適量
- ごま油 —— 少々
- ガラムマサラ —— 少々
- 糸唐辛子 —— 適量

作り方

1. 鶏肉は皮を外して大きめのひと口大に切る。キャベツは大きめのざく切り、パプリカ、ピーマンはくし形切り、玉ねぎは大きめのくし形切りにする。

2. 鍋にAを入れて弱めの中火に熱し、クミンシードのまわりからふつふつと泡が立ってきたら、にんにく、しょうがを加えて炒める。香りが立ったら玉ねぎを加え、中火で薄茶色になるまで炒める（a）。

3. フライパン（または中華鍋）にサラダ油大さじ1（分量外）を熱し、鶏肉を炒める（b）。色が変わったら八丁みそ、コチュジャンを加えて溶かしながら全体に絡め、Bを加えてさらに全体に絡める（c）。

4. 2の鍋に加えて混ぜ、トマト缶を加えてさらに炒める。水、しょうゆ、砂糖を加えて、沸いたら火を弱めて5分ほど煮る。

5. 鶏肉に火が通ったら（d）、キャベツ、パプリカ、ピーマンを加えてさっと煮る。塩、こしょうで味をととのえ、ごま油とガラムマサラを加える。

6. 器にごはん（分量外）を盛り、5をかけ、糸唐辛子をのせる。

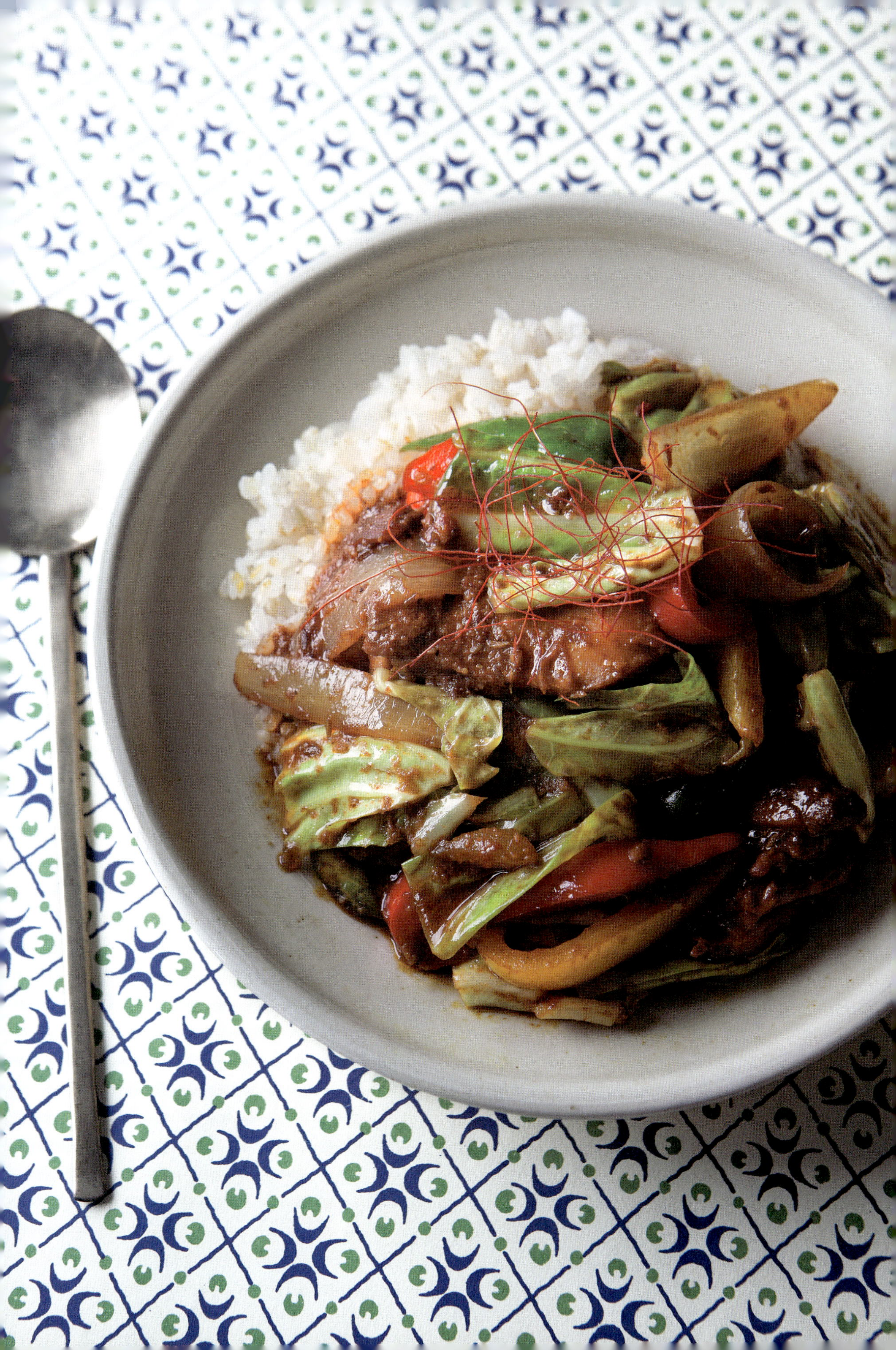

5 BASIC SPICES
さつまいもと鶏のココナッツカレー

カレーパウダー
ガラムマサラ

材料を鍋に入れて火にかけるだけで、とにかく簡単に作れます。
厚手で、ふたがぴっちりと閉まる鍋を使うのが理想です。
さつまいもはココナッツミルクで煮込むと甘味が増します。
レモングラスや生の唐辛子を加えるとさらに香りが良くなります。

材料（2〜3人分）

鶏もも肉 —— 200g
A ┌ にんにく —— 1片
  │ しょうが —— 1片
  │ 香菜の根（なければ、茎や葉）—— 大さじ2
  │ カレーパウダー —— 大さじ2
  └ 塩 —— 小さじ1
さつまいも —— 小1本
玉ねぎ —— 1個
小松菜 —— 1/2束
ココナッツミルク —— 200g
ガラムマサラ —— 適量
塩、こしょう —— 各適量

作り方

1 鶏肉は皮を外して大きめのひと口大に切る。**A**をフードプロセッサーかすり鉢でペースト状にし、鶏肉に揉み込み1〜2時間からひと晩おく（a）。

2 さつまいもは4〜5cm厚さの輪切り、玉ねぎは大きめのくし形切り、小松菜は5cm長さに切る。

3 厚手の鍋に鶏肉、さつまいも、玉ねぎ、ココナッツミルクを入れて（b）軽く混ぜ、ふたをして中火にかける。沸いたら火を弱め、焦げ付かないようにときどき混ぜながら20分ほど煮る。

4 さつまいもに竹串がスッと通るくらいになったら（c）、小松菜、ガラムマサラを加え（d）、塩、こしょうで味をととのえる。

＊野菜から驚くほど水分が出るので、汁けが多すぎる場合は小松菜を加える前にふたを外して煮詰め、水分を調整する。

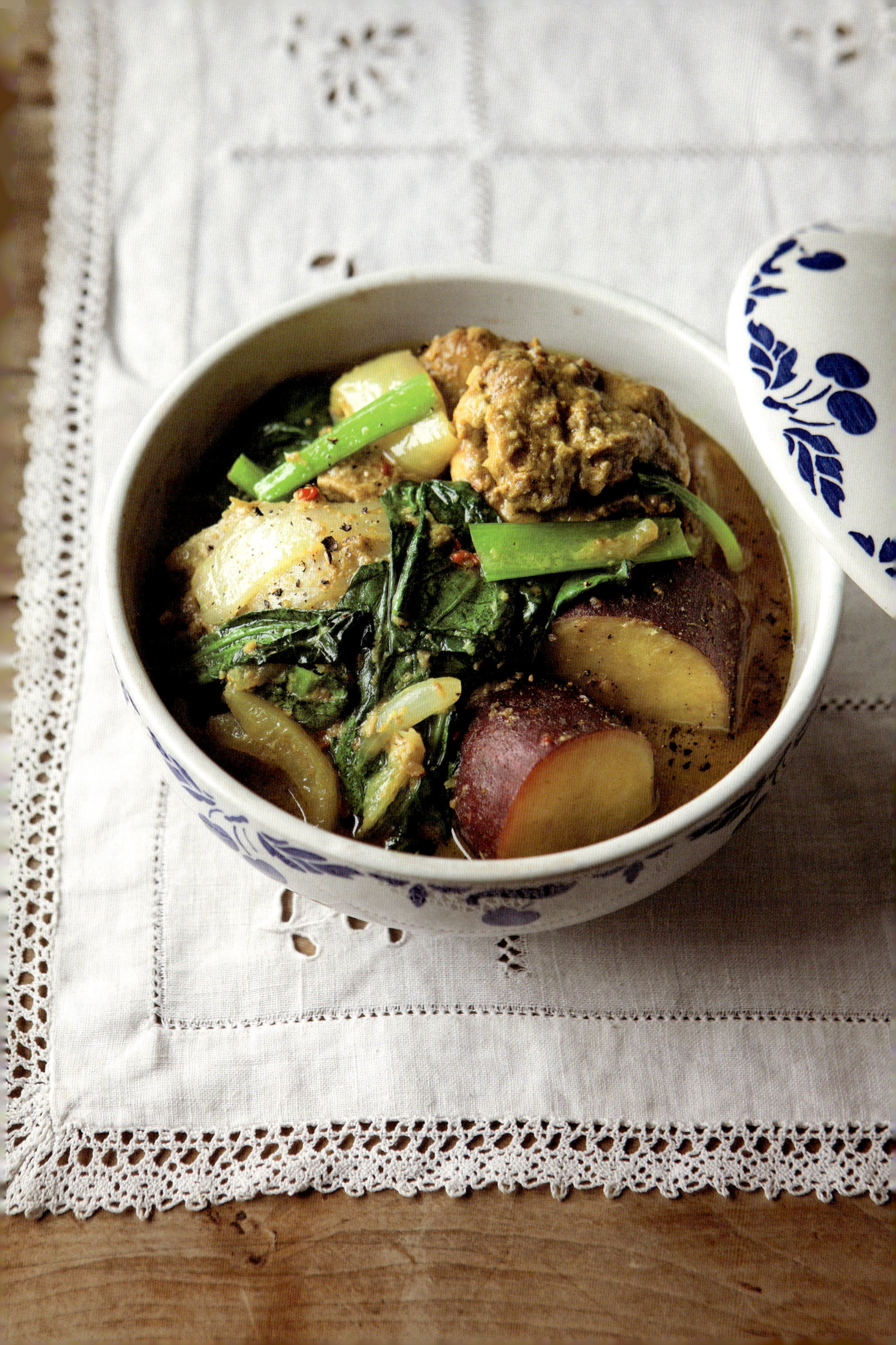

5 BASIC SPICES

ネパール風コリアンダーチキンカレー

コリアンダーシードと生のコリアンダー（香菜）の両方で
爽やかな香りをこれでもかとたっぷり加えるのがポイント。
ごろっとしたじゃがいもと鶏肉で食べごたえがあります。
ネパール風お漬けもののアチャール（P92）を添えて召し上がれ。

クミン
ターメリック
コリアンダー
ガラムマサラ

材料（2〜3人分）

鶏もも肉 —— 300g
じゃがいも —— 2個
玉ねぎ —— 大1個
サラダ油 —— 75㎖
クミンシード —— 大さじ1
にんにく（みじん切り）—— 2片分
しょうが（みじん切り）—— 1片分
ターメリック —— 大さじ1
トマト缶 —— 150g
塩 —— 小さじ1
A ┌ クミンパウダー —— 大さじ1
　├ コリアンダーパウダー —— 大さじ1
　├ ターメリック —— 小さじ1
　└ ガラムマサラ —— 小さじ1
水 —— 300㎖
B ┌ サラダ油 —— 大さじ1と1/2
　└ コリアンダーシード —— 小さじ1
こしょう、香菜 —— 各適量

作り方

1 鶏肉は皮を外して大きめのひと口大に切る。じゃがいもはひと口大に切って水にさらす。玉ねぎは縦横半分に切ってから繊維に沿って薄切りにする。

2 鍋にサラダ油とクミンシードを入れ、弱めの中火にかける。クミンシードのまわりからふつふつと泡が立ってきたら、にんにく、しょうがを加えて炒める。香りが立ったら玉ねぎとターメリックを加え、中火で金茶色になるまで炒める（a）。

3 鶏肉を加えて炒め、色が変わったら（b）、トマト缶、塩、**A**を加える。軽く炒めてスパイスが全体に回ったら、水を加え、沸いたら火を弱めて7〜8分煮る（c）。じゃがいもを加えてさらに5分ほど煮る。

4 小鍋に**B**を入れて弱めの中火にかけ、香ばしい香りが立ったら（d）、**3**に加える。器に盛り、こしょうをふって刻んだ香菜をのせる。お好みでネパールのアチャールを添える。

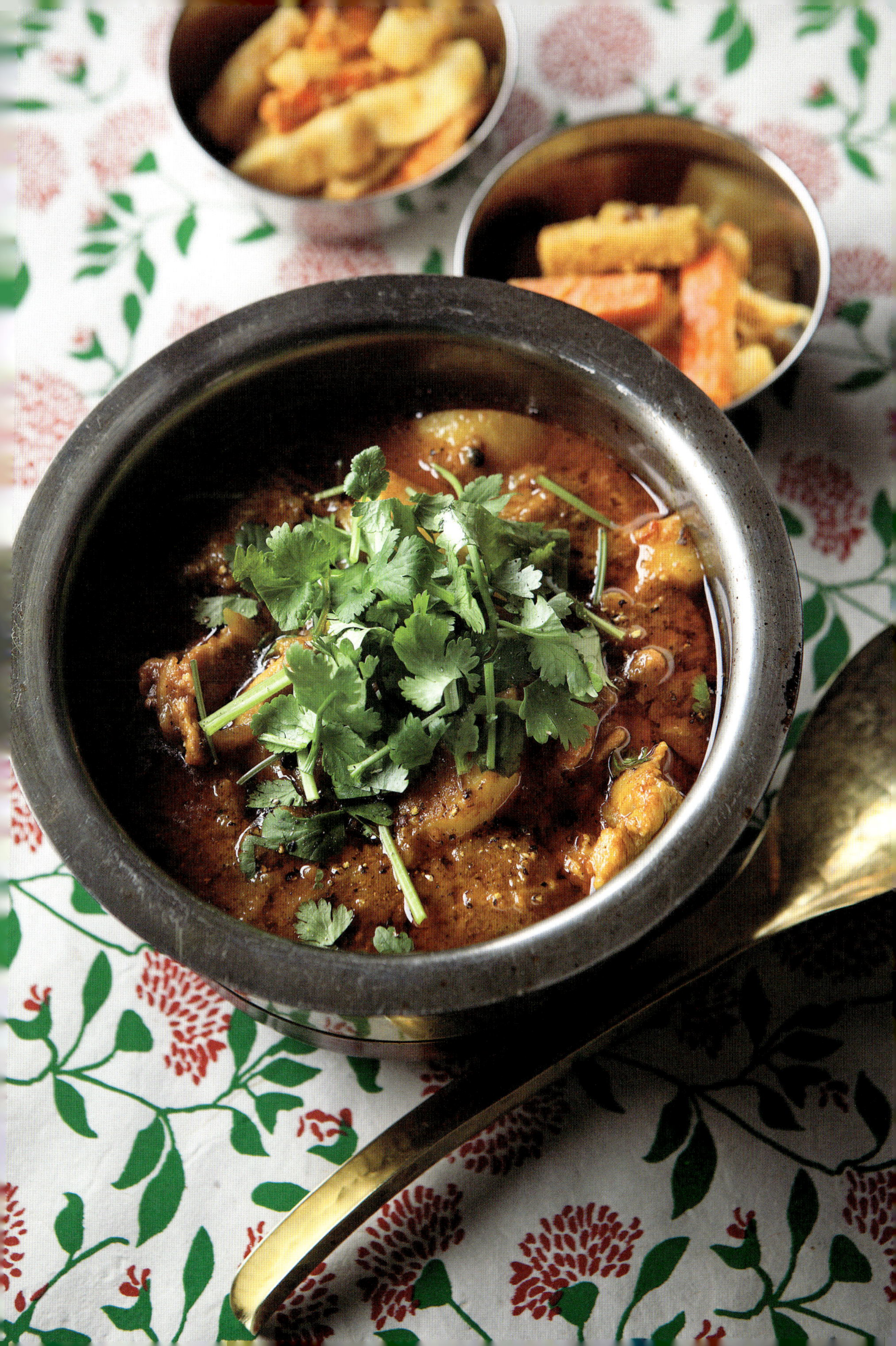

5 BASIC SPICES
8種の野菜とラムのスープカレー

ラム肉にいろんな種類の野菜を合わせたカレーは、
モロッコ料理のような異国の味。クスクスに合わせても良いです。
豚肉で作ってもおいしいけれど、ぜひラム肉でお試しを。自家製の
アリッサ（P107）を添えると、味に変化とアクセントが付きます。

クミン
コリアンダー
カレーパウダー
ガラムマサラ

材料（2〜3人分）

- ラム肉 —— 150g
- 玉ねぎ —— 小1個
- にんじん —— 小1本
- ごぼう —— 1/3本
- 大根 —— 1/4本
- しいたけ —— 3枚
- じゃがいも —— 1個
- 赤、黄パプリカ —— 各1/2個
- サラダ油 —— 大さじ3と1/2
- クミンシード —— 小さじ1
- にんにく（みじん切り）—— 1片分
- しょうが（みじん切り）—— 1片分
- トマト缶 —— 200g
- A ┌ コリアンダーパウダー —— 大さじ1と1/2
  │ クミンパウダー —— 大さじ1
  └ カレーパウダー —— 大さじ1
- ナンプラー —— 大さじ2
- 塩 —— 小さじ1
- こしょう —— 少々
- ガラムマサラ —— 少々
- 香菜 —— 適量
- アリッサ（P107）—— 適量

作り方

1. ラム肉は1.5cm角に切って塩小さじ1/2、こしょう少々（ともに分量外）をふる。玉ねぎ、にんじん、ごぼう、大根、しいたけ、じゃがいも、パプリカは1.5cm角に切る。

2. 鍋にサラダ油とクミンシードを入れて熱し、クミンシードのまわりからふつふつと泡が立ってきたら、にんにく、しょうがを加えて炒める。香りが立ったら玉ねぎを加え、中火で透明になるまで炒める（a）。

3. ラム肉を加えて炒め、火が通ったら、にんじん、ごぼう、大根、しいたけを順に加えて炒める。全体に油が回ったら（b）、トマト缶を加えて軽く炒め、Aを加えて混ぜ、かぶるくらいの水（分量外）を加える。沸いたら火を弱め、アクをとりながら、ラムが柔らかくなるまで30分ほど煮る（c）。

4. じゃがいもを加えてさらに煮る。じゃがいもに火が通ったら、ナンプラー、塩、こしょうで味をととのえ、ガラムマサラ、パプリカを加えてさっと煮る。器に盛って刻んだ香菜をのせ、アリッサを添える。

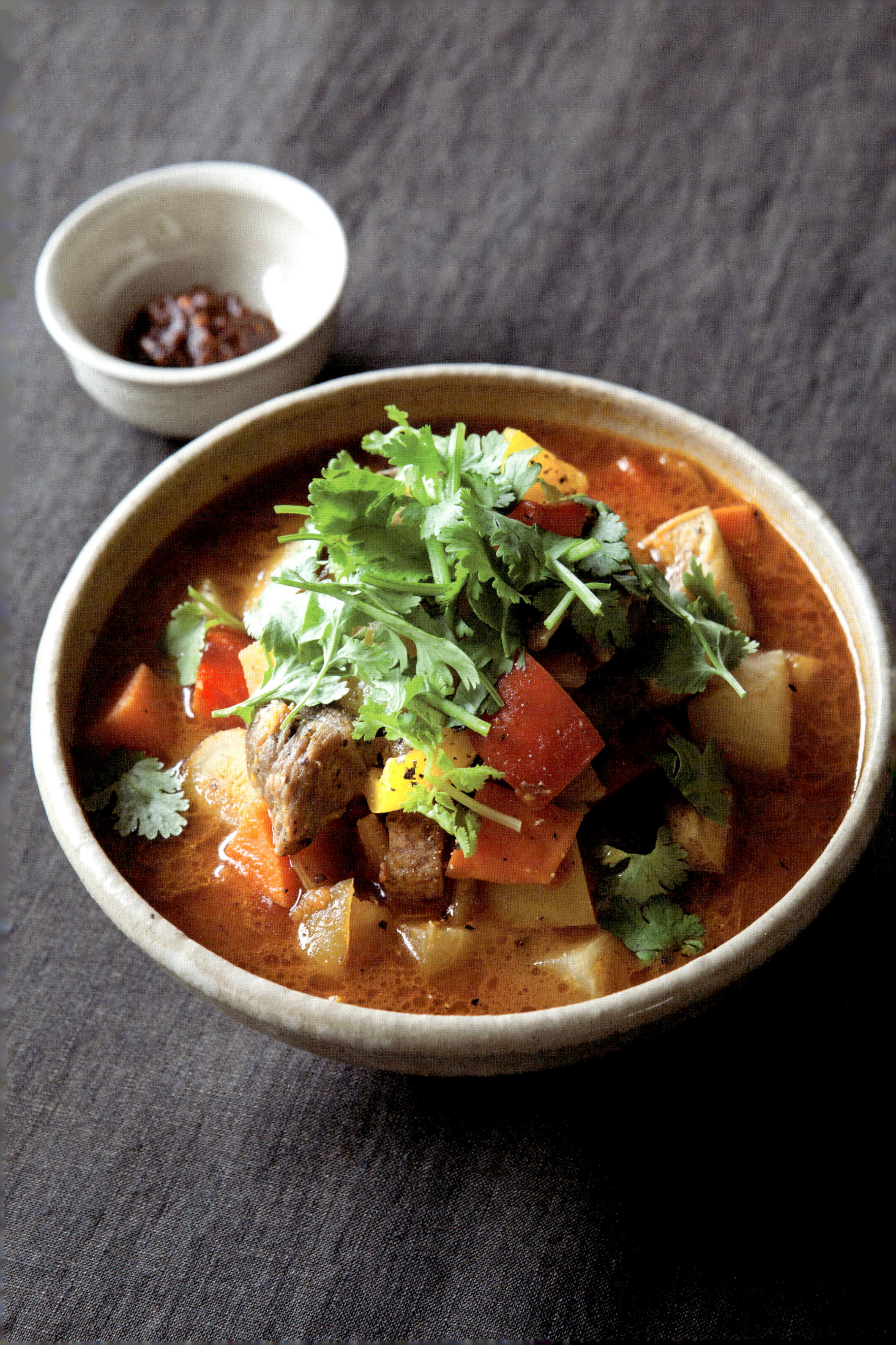

5 BASIC SPICES

豚と白菜のマイルドカレー

白菜のクリーム煮からヒントを得た、やさしい味わいのカレー。
豚肉は塩を揉み込んで即席の塩豚風にすると、
水分を逃がさず、もっちりと柔らかく仕上がります。
好みで仕上げに豆鼓を刻んで加えると、奥深い味に。

クミン
コリアンダー
カレーパウダー

材料（2〜3人分）

豚肩ロース肉 —— 300g
A ┌ 塩 —— 小さじ1
　└ こしょう —— 少々
白菜 —— 1/4株
玉ねぎ —— 1と1/2個
サラダ油 —— 75ml
バター —— 10g
クミンシード —— 小さじ2
にんにく（みじん切り）—— 2片分
しょうが（みじん切り）—— 1片分
小麦粉 —— 10g
クミンパウダー —— 大さじ1
コリアンダーパウダー —— 大さじ1
カレーパウダー —— 大さじ1と1/2
水 —— 400ml
牛乳 —— 170ml
しょうゆ —— 大さじ2
塩、こしょう —— 各適量

作り方

1 豚肉は1.5cm角に切り、Aを揉み込んで1時間ほどおく（a）。白菜は大きめのざく切り、玉ねぎは1cm角に切る。

2 鍋にサラダ油、バター、クミンシードを入れて弱めの中火に熱し、クミンシードのまわりからふつふつと泡が立ってきたら、にんにく、しょうがを加えて炒める。香りが立ったら玉ねぎを加え、中火で茶色になるまで炒める（b）。

3 豚肉を加えて炒め、全体の色が変わったら小麦粉を加えて全体に絡める。

4 クミンパウダー、コリアンダーパウダーを加えて炒め、うっすら茶色くなり香ばしい香りがしてきたらカレーパウダーを加えてさらに炒める（c）。

5 全体がよくなじんだら水を加え、沸いたら火を弱め、アクをとりながら豚肉が柔らかくなるまで30〜40分ほど煮る。

6 牛乳を加えて混ぜ、しょうゆ、塩、こしょうで味をととのえる。白菜を加え、しんなりするまで煮る（d）。器に盛り、こしょうをふる。

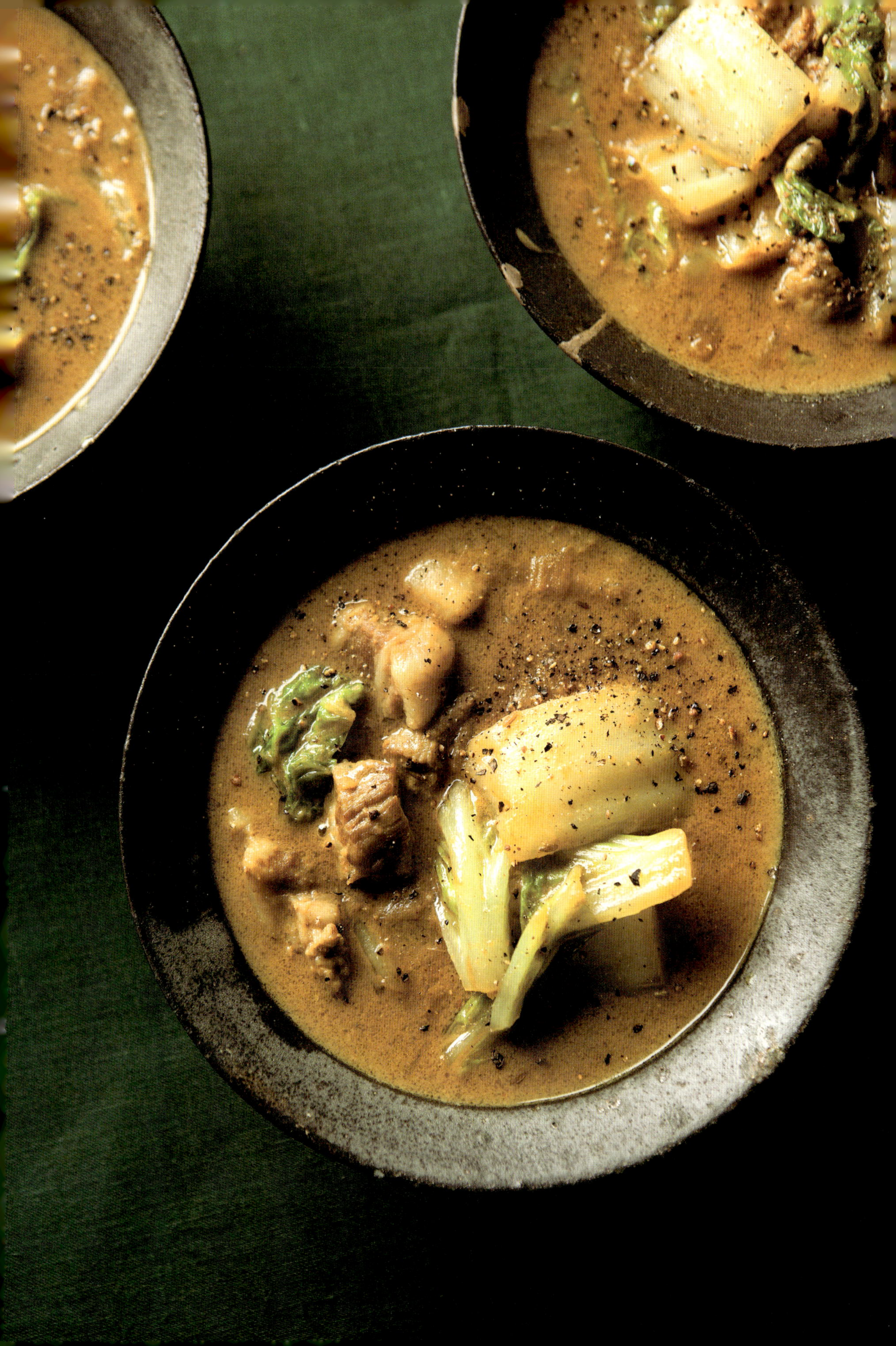

5 BASIC SPICES

ベジカレー

肉も魚も使わない、野菜だけのベーシックなカレー。
野菜は小さめに切って、スプーンで食べやすいサイズに。
コクが足りない分、バターでガラムマサラを溶かして仕上げに加えます。
野菜は好みのものなら何でもOK。旬の野菜を使ってお試しを。

クミン
コリアンダー
ターメリック
ガラムマサラ

材料（2～3人分）

- 玉ねぎ —— 大1個
- にんじん —— 1本
- 大根 —— 1/5本
- なす —— 2本
- オクラ —— 6本
- ミニトマト —— 6個
- サラダ油 —— 50ml
- クミンシード —— 小さじ2
- にんにく（みじん切り）—— 2片分
- しょうが（みじん切り）—— 1片分
- トマト缶 —— 150g
- A ┌ コリアンダーパウダー —— 大さじ1
  │ クミンパウダー —— 小さじ2
  │ ターメリック —— 小さじ1と1/2
  └ 塩 —— 小さじ1
- しょうゆ —— 小さじ2
- バター —— 25g
- ガラムマサラ —— 小さじ1

作り方

1 玉ねぎは1cm角、にんじん、大根は1.5cm角、なすは1.5cm幅の半月切り、オクラは長さ1.5cm、ミニトマトは4等分に切る。

2 鍋にサラダ油、クミンシードを入れて弱めの中火にかける。クミンシードのまわりからふつふつと泡が立ってきたら、にんにく、しょうがを加えて炒める。香りが立ったら玉ねぎを加え、薄茶色になるまで炒める（a）。

3 トマト缶を加えて炒め（b）、にんじん、大根を加えてさらに炒める。全体に油が回ったらAを加えて炒め、スパイスが全体に回ったらしょうゆ、ひたひたになるくらいまで水（分量外）を加えて、沸いたら火を弱めて5分ほど煮る（c）。なす、オクラを加えてさらに3分ほど煮る。

4 小鍋にバターを溶かし、ガラムマサラを加える。香りが立ったら3に加え混ぜ、ミニトマトを加えてさっと煮る。

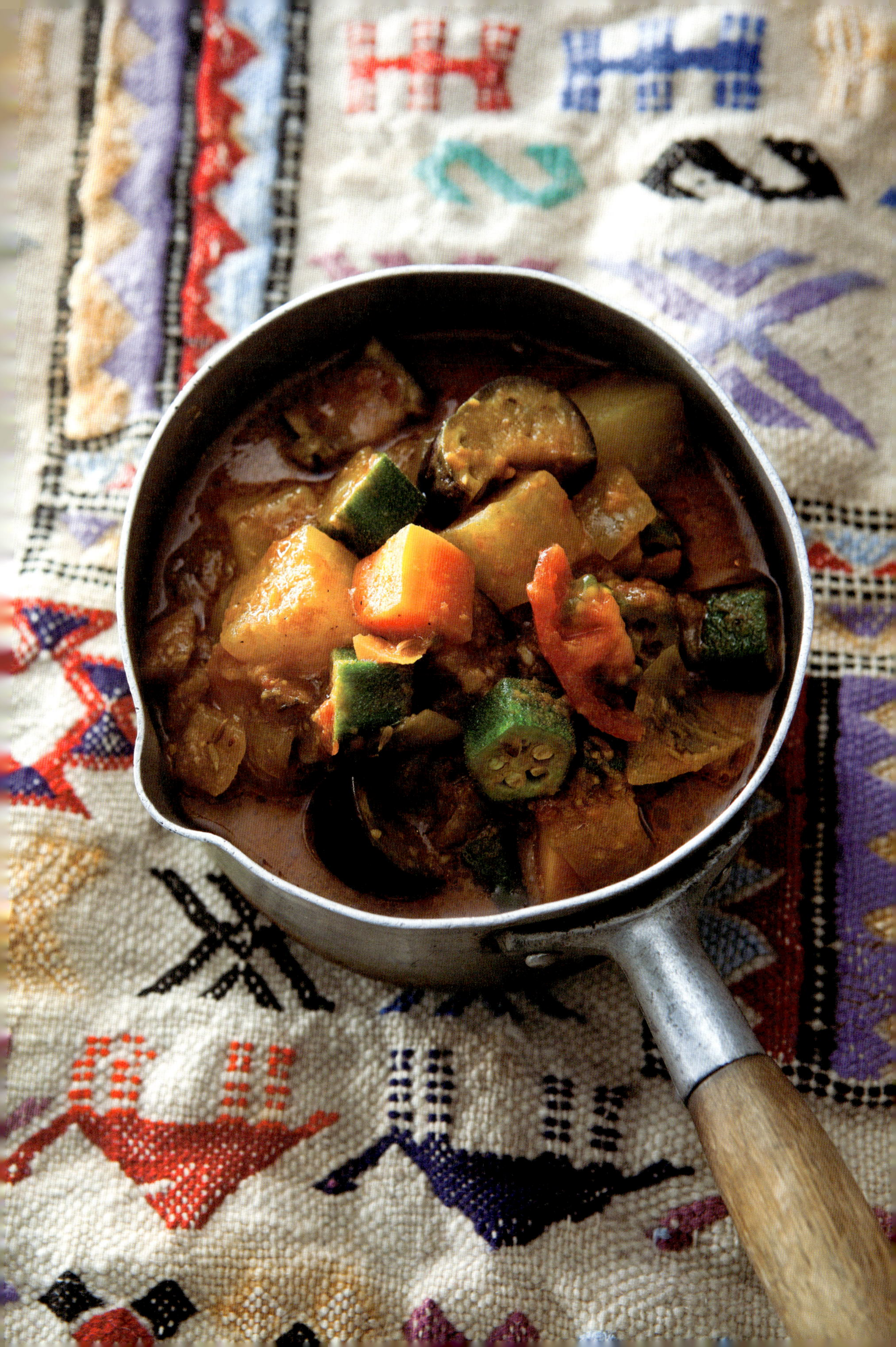

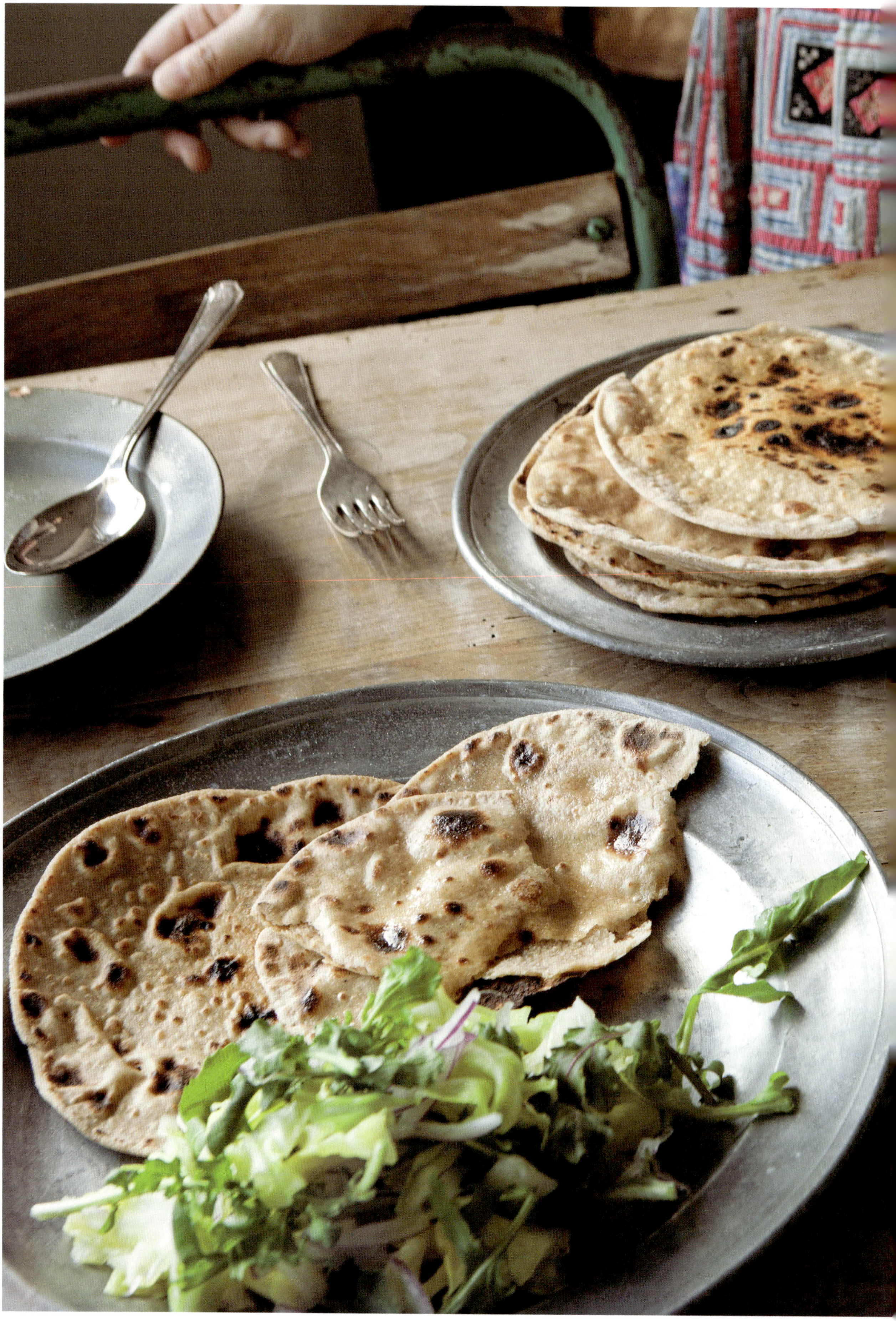

COLUMN 01
朝、はじまりのカレー

朝からカレーはちょっと重い……と思われるかもしれませんが、野菜と豆がたっぷり入った具だくさんのサンバルは、朝にもぴったりな一品。スパイスと酸味のバランスが絶妙で、さらっとしているので、するするとお腹に収まります。焼き立てのチャパティ（P96）に、サンバルを付けたり、野菜をのせたりしてどうぞ。にんじんのライタ（P93）、シュリカンド（P100）、バナナのマリネ（P101）も添えて、にぎやかな朝の食卓になりました。

野菜たっぷりのサンバル

南インドで必ず食卓に上るサンバルは日本でいうおみそ汁のような、やさしい味わいの豆と野菜のカレー。タマリンドやヒングなど、日本ではあまり見かけない食材やスパイスが入るのも特徴です。ぜひ揃えて本場の味をお試しください。

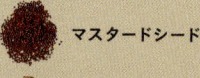

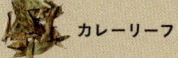

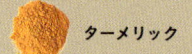

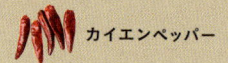

- マスタードシード
- クミン
- カレーリーフ
- コリアンダー
- ターメリック
- カイエンペッパー

材料（2〜3人分）

- 玉ねぎ —— 小1個
- にんじん —— 中2/3本
- 大根 —— 1/5本
- なす —— 3本
- タマリンド（梅干し1個を刻んでも良い） —— 10g
- トゥールダル* —— 100g
- 水 —— 750㎖
- サラダ油 —— 60㎖
- A ┌ マスタードシード —— 小さじ1
  │ クミンシード —— 小さじ1/2
  └ ウラドダル*（なくても可） —— 小さじ2
- ヒング（なくても可） —— 少々
- カレーリーフ —— ひとつかみ
- トマト缶 —— 100g
- B ┌ コリアンダーパウダー —— 大さじ1と1/2
  │ ターメリック —— 小さじ1/2
  │ クミンパウダー —— 少々
  └ カイエンペッパーパウダー —— 少々
- 塩 —— 小さじ1と1/2
- しょうゆ —— 大さじ2
- 香菜 —— 適量

＊トゥールダルは南インドでよく使われている豆で、ほくほくとした柔らかな食感。レンズ豆でも代用可能。
＊ウラドダル → P70

作り方

1. 玉ねぎ、にんじん、大根は1.5㎝角、なすは1㎝厚さの輪切りにする。タマリンドはぬるま湯100㎖（分量外）で揉み出して濾し、お湯のほうを使う（かすは捨てる）。

2. トゥールダルは軽く洗って鍋に入れ、水を加えて柔らかくなるまで煮る（茹で汁はとっておく）(a)。

3. 別の鍋にサラダ油とAを入れて中弱火にかける。スパイスのまわりからふつふつと泡が立ってきたらヒングとカレーリーフを加え、香りが立ったら玉ねぎを加えて透き通るくらいまで炒める。

4. トマト缶を加え（b）、にんじん、大根、なすを順に加えて炒める。

5. 野菜がしんなりしたらBを加えて混ぜ、スパイスが全体に回ったら塩、タマリンド、しょうゆ、ひたひたより少なめの水（分量外）を加えて5分ほど煮る（c）。

6. 2を茹で汁ごと加え（d）、ひと煮立ちさせて味をなじませる。器に盛り、刻んだ香菜を飾る。

タマリンド
南インドやタイで使われる、独特の香りと酸味のある果実。梅干しに近く、代用も可能。ペースト状が使いやすい。

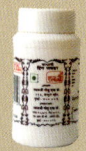

ヒング
南インドで使われることの多いスパイス。油で加熱することで料理に深みとコクが生まれる。別名アサフェティダ。

a / b / c / d

CHAPTER 02

具材別の
とっておきカレー

CHICKEN 鶏肉
PORK 豚肉
MINCED MEAT 挽き肉
BEEF 牛肉
BEANS, FISH, VEGETABLES 豆、魚、野菜

4種の肉と豆、魚、野菜をメインに
具材別に分類したカレーレシピです。
使うスパイスの種類も増えて本格的な一品も。
それぞれの食材のおいしさが引き立つように、
スパイスの種類や量を調整しています。
大きな具がごろごろと入ったカレーは、
味もボリュームも満足できる内容です。

CHICKEN 鶏肉

ベトナム風チキンカレー

骨付きの鶏もも肉を丸ごと煮込む、ボリュームのある一品。
お店では、毎年クリスマスに提供するメニューです。
野菜もたっぷり加えるので食べごたえはあるけれど、
さらっとした味付けで食べやすく、するするお腹に収まります。

カレーパウダー
カイエンペッパー
五香粉
ガラムマサラ

材料（3人分）

鶏骨付きもも肉 —— 3本
じゃがいも —— 3個
にんじん —— 1本
玉ねぎ —— 大1個
サラダ油 —— 70㎖
にんにく（みじん切り）—— 2片
しょうが（みじん切り）—— 1片
カレーパウダー —— 大さじ3
カイエンペッパーパウダー —— 小さじ1/2
A ┌ ココナッツミルク —— 400g
　│ 酒 —— 50㎖
　│ ナンプラー —— 50㎖
　│ 五香粉　小さじ1/2
　└ こしょう —— 少々
ガラムマサラ —— 少々
万能ねぎ（5cm長さ）—— 適量

作り方

1. 鶏肉は軽く塩、こしょう（ともに分量外）をふる。じゃがいもは半分に切る。にんじんは縦半分に切ってから長さを半分に切る。玉ねぎはくし形切りにする。

2. フライパンにサラダ油、にんにく、しょうがを入れて弱火にかける。香りが立ったら玉ねぎを加え、薄茶色になるまで炒める。

3. カレーパウダー、カイエンペッパーパウダーを加えて混ぜ（a）、火を止めてAを加えて混ぜる（b）。

4. フライパンにサラダ油適量（分量外）を熱し、鶏肉を焼き付ける。両面においしそうな焼き目が付いたら（c）3に加え、ひたひたになるくらいまで水（分量外）を加えて中火にかける（d）。

5. 沸いたら火を少し弱め、15分ほど煮る。じゃがいも、にんじんを加えてさらに煮る。野菜に火が通ったら、ガラムマサラ、万能ねぎを加えて混ぜ、器に盛り、こしょう（分量外）をふる。

a　b　c　d

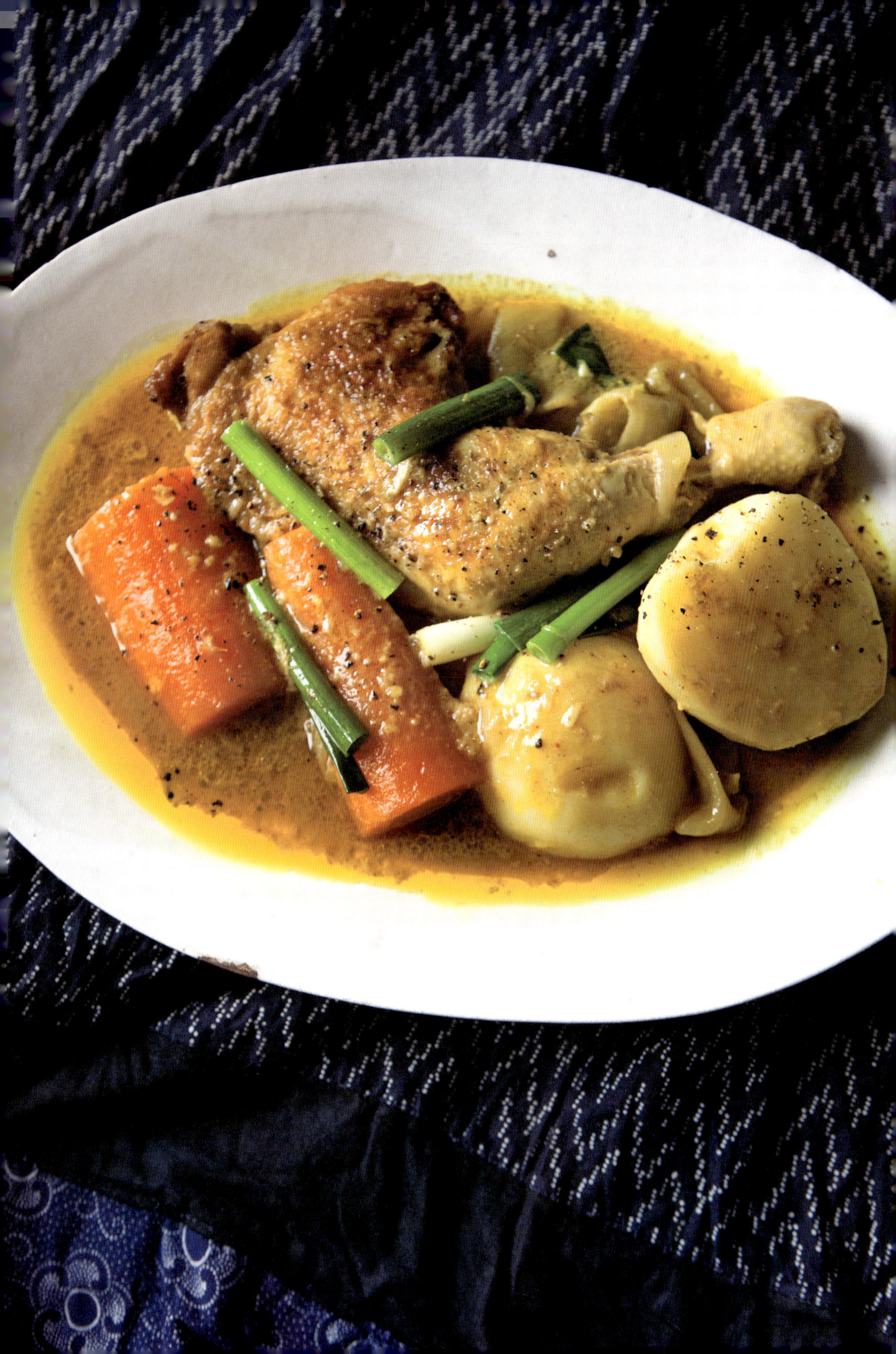

CHICKEN 鶏肉

タイ風イエローカレー

タイ料理などによく使われる、小さな赤い玉ねぎ「ホムデン」。
それを真似て、紫玉ねぎで作ったイエローカレーです。
スパイスやハーブをたっぷりと使用するので、
辛みの中に、複雑な奥深さを感じることができます。

クミン
クローヴ
カイエンペッパー
ターメリック
シナモン

材料（3〜4人分）

鶏もも肉 —— 400g
A ┌ クミンシード —— 小さじ1
　└ クローヴ —— 20粒
紫玉ねぎ —— 1個
B ┌ にんにく —— 3片
　│ レモングラスの茎 —— 1/2本（なければ葉を3本分）
　│ カイエンペッパー —— 1本
　│ 香菜の根 —— 5本分
　│ しょうが（あればカー（タイのしょうが））—— 1片
　│ コブミカンの葉（なくても可）—— 3枚
　│ ターメリック —— 小さじ1と1/3
　│ シナモンパウダー —— 少々
　└ 塩 —— 小さじ1
じゃがいも —— 2個
なす —— 2本
ヤングコーン —— 4本
赤パプリカ —— 1個
サラダ油 —— 40ml
C ┌ ココナッツミルク —— 400g
　│ ナンプラー —— 大さじ1と1/2
　└ 砂糖 —— 小さじ1

作り方

1　鶏肉は皮を除いてひと口大に切る。**A**は煎ってからミルで挽く。紫玉ねぎは皮ごと180℃のオーブンで20分ほど焼き（a）、皮をむき、**A**と**B**の材料と合わせてフードプロセッサーでペースト状にして、鶏肉に揉み込み、1時間ほどおく（b）。

2　じゃがいもは大きめのひと口大、なすは縦に2か所皮をむき、縦半分に切ってから斜め2cm幅、ヤングコーンは縦半分、パプリカは2cm幅の縦切りにする。

3　鍋にサラダ油を熱し、**1**を炒める。鶏肉の色が変わったら（c）、**C**を加え、かぶるくらいの水（分量外）を加える。煮立ったら火を弱め、鶏肉が柔らかくなるまで5分ほど煮る（d）。

4　じゃがいもを加えてさらに煮る。じゃがいもに火が通ったら、なす、ヤングコーン、パプリカを加えてさっと煮る。野菜に火が通ったら器に盛る。

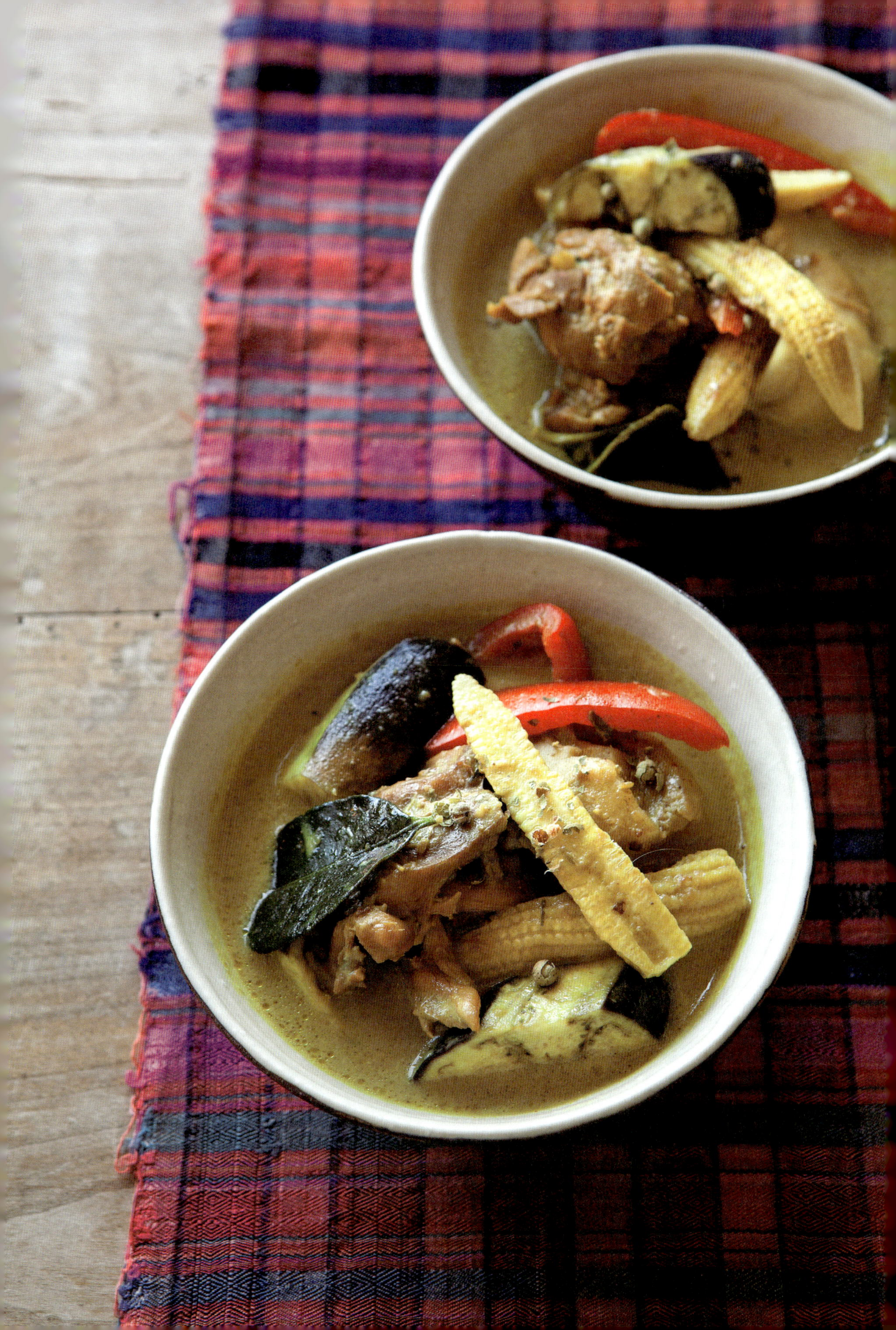

CHICKEN 鶏肉

スリランカ風チキンカレー

スリランカではココナッツミルクを使ったカレーが多く、
スパイスがココナッツの香りと風味にやさしく包まれているのが特徴です。
大根やなすを加え、ごはんとおいしく食べられるようアレンジしました。
ココナッツミルクは、少量なら牛乳で代用しても構いません。

スリランカカレーパウダー
カイエンペッパー
セイロンシナモン
カレーリーフ
ランペ

材料（4人分）

鶏もも肉 —— 300g
A ┌ スリランカカレーパウダー —— 大さじ1
　├ 米酢 —— 大さじ1
　├ 塩 —— 小さじ1
　├ カイエンペッパーパウダー —— 小さじ1/2
　└ こしょう —— 少々
大根 —— 1/5本
なす —— 1本
玉ねぎ —— 大2個
B ┌ サラダ油 —— 70mℓ
　├ スリランカカレーパウダー —— 大さじ1
　├ カイエンペッパーパウダー —— 小さじ1/2
　├ セイロンシナモン（なければシナモン）—— 1cm
　└ カレーリーフ、ランペ（なくても可）—— 各ひとつかみ
にんにく（みじん切り）—— 2片分
しょうが（みじん切り）—— 1片分
しょうゆ —— 大さじ1と1/2
ココナッツミルク（または牛乳）—— 60g
塩、こしょう —— 各適量

作り方

1. 鶏肉は皮を外してひと口大に切り、**A**の材料をよく揉み込む（a）。

2. 大根はいちょう切り、なすは縦半分に切ってから斜め薄切り、玉ねぎは繊維に沿って薄切りにする。

3. 鍋に**B**を入れて弱めの中火にかける。香ばしい香りがしてきたら、にんにく、しょうがを加えてさらに炒め、香りが立ったら玉ねぎを加えて茶色になるまで炒める。

4. 鶏肉を加えて炒めて色が変わったら（b）、しょうゆとかぶるくらいの水（分量外）を加えて（c）、沸いたら火を弱め、アクをとりながら鶏肉が柔らかくなるまで7分ほど煮る。

5. ココナッツミルクを加えて混ぜ、さらに大根を加えて5分ほど煮る（d）。

6. 大根に火が通ったらなすを加えてひと煮し、塩、こしょうで味をととのえる。

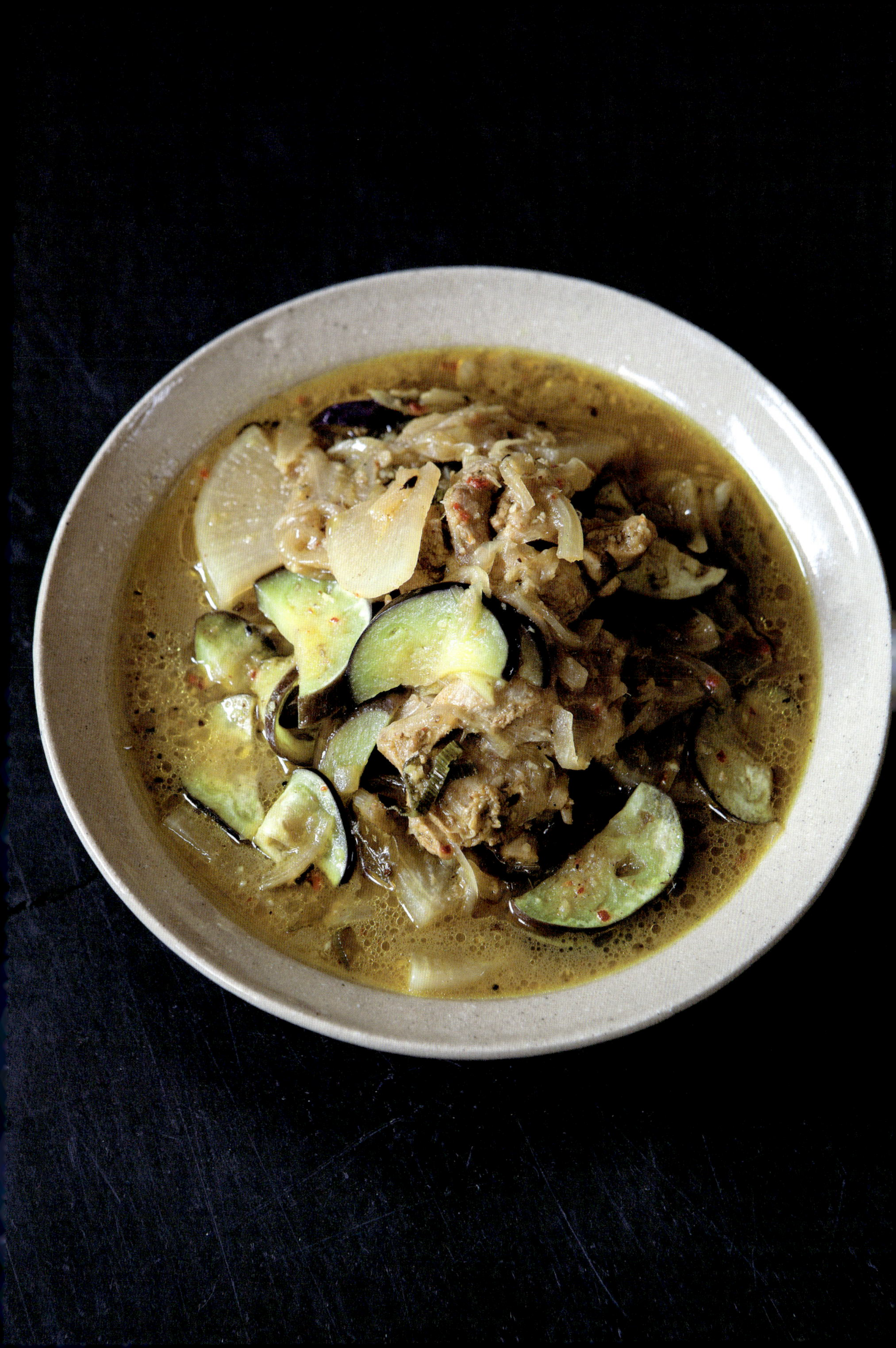

CHICKEN 鶏肉

バターチキンカレー

バターチキンは、インド北西部・パンジャブ地方の料理です。
こっくりとしていて濃厚なので、ナンと食べるのが一般的ですが、
玉ねぎや香菜、にらを加えて、
ごはんが進むさっぱりとした味付けにしました。
本来のバターチキンとはまた違ったおいしさに仕上がっています。

クミン　カシア
コリアンダー　クローヴ
ターメリック　カルダモン
カイエンペッパー　パプリカパウダー

材料（3〜4人分）

鶏もも肉 —— 400g
A ┌ ヨーグルト —— 100g
　├ クミンパウダー —— 小さじ1と1/2
　├ コリアンダーパウダー —— 小さじ1と1/2
　├ ターメリック —— 小さじ1
　├ 塩 —— 小さじ1
　├ こしょう —— 少々
　└ カイエンペッパーパウダー —— 少々
玉ねぎ —— 中1個
にら —— 1/4束
バター —— 90g
B ┌ カシア（またはシナモン）—— 2cm
　├ クローヴ —— 2粒
　├ カルダモンシード —— 2粒
　└ クミンシード —— 小さじ1
にんにく（みじん切り）—— 2片
しょうが（みじん切り）—— 大きめ1片
C ┌ コリアンダーパウダー —— 大さじ1
　├ クミンパウダー —— 小さじ2
　├ パプリカパウダー —— 小さじ2
　└ 塩 —— 小さじ1/2
トマト缶 —— 250g
D ┌ ローストカシューナッツ —— 20g
　├ けしの実 —— 小さじ1
　└ 水 —— 50ml
しょうゆ —— 大さじ1と1/2
砂糖 —— 小さじ1と1/2
生クリーム —— 40g
ローストカシューナッツ、生クリーム、こしょう —— 各適量

作り方

1 鶏肉は皮を外して大きめのひと口大に切り、**A**に1時間〜ひと晩漬けておく（a）。

2 玉ねぎは縦横半分に切ってから繊維に沿って薄切りにする。にらは5cmの長さに切る。

3 鍋にバターを溶かし、**B**を弱めの中火で炒める。カルダモンがふくらんで、スパイスの良い香りがしてきたら、にんにく、しょうがを加えて炒める。香りが立ったら玉ねぎを加え、薄茶色になるまで炒める。

4 **C**とトマト缶を加えて軽く炒め（b）、ひたひたになるくらいまで水（分量外）を加え、ミキサーかミル（またはすり鉢）でペースト状にした**D**を加える（c）。沸いたら**1**の鶏肉を加え、さらに沸いたら火を弱めて10分ほど煮る。

5 鶏肉に火が通ったら、しょうゆ、砂糖、生クリームを加え混ぜる。ひと煮立ちしたら、にらを加えて（d）火を止める。

6 器に盛り、砕いたカシューナッツを散らして生クリームを回しかけ、こしょうをふる。

a　b　c　d

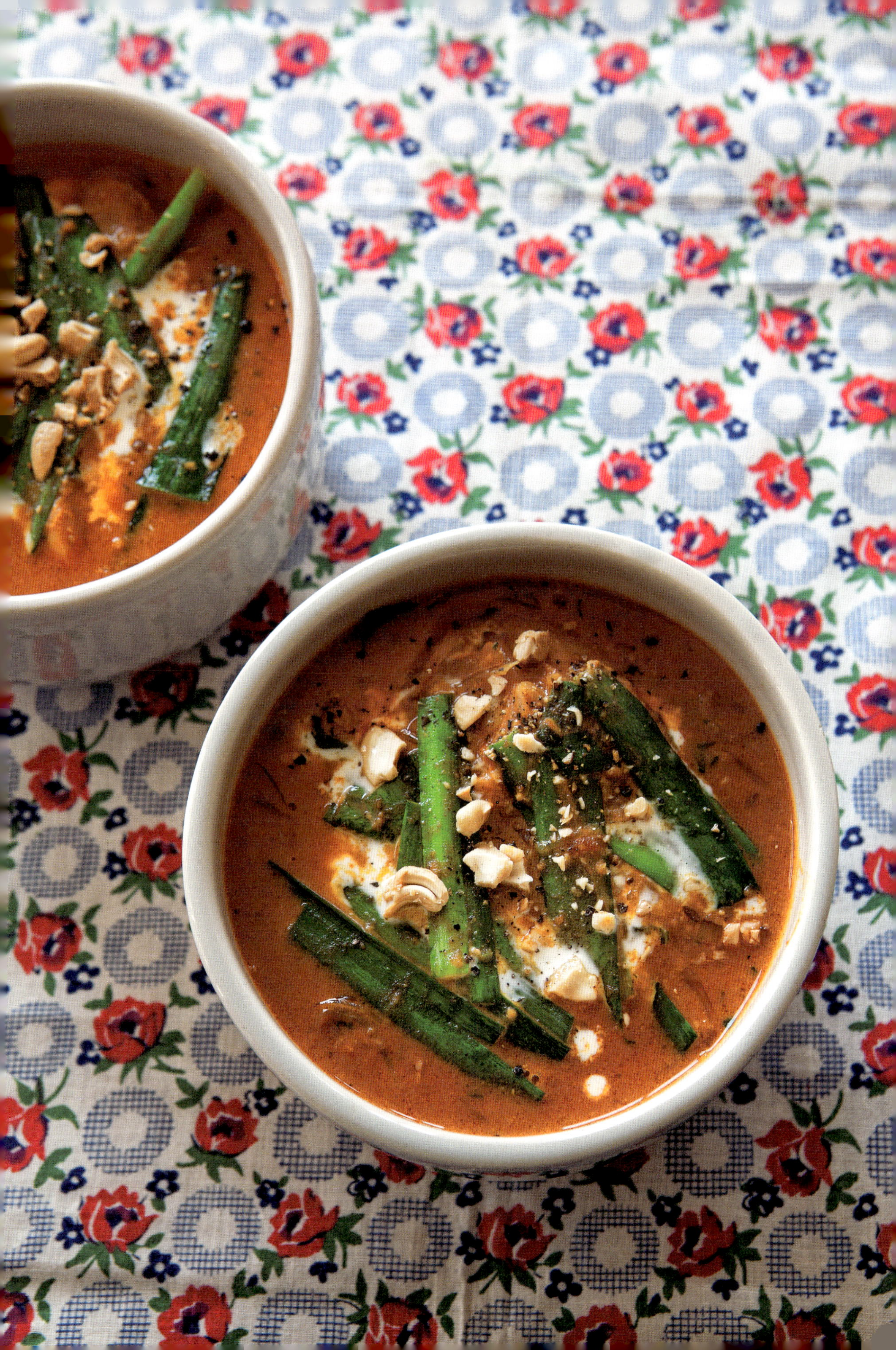

CHICKEN 鶏肉

ミントチキンカレー

爽やかな香りが広がる、南インド風のチキンカレー。
たっぷりと加えたミントの葉が、食欲をそそります。
ミントの種類は、なんでもOK。数種類を組み合わせても。
トマト缶に青唐辛子やししとうを加えるのが、オクシモロン流です。

マスタードシード　コリアンダー
クローヴ　ターメリック
カルダモン　ガラムマサラ
カシア　カレーリーフ
クミン

材料（2〜3人分）

鶏もも肉 —— 300g
玉ねぎ —— 中1個
青唐辛子（または、ししとう）—— 1〜2本
ミント —— ひとつかみ
香菜 —— ひとつかみ
A ┌ サラダ油 —— 70㎖
　│ マスタードシード —— 小さじ1
　│ クローヴ —— 2粒
　│ カルダモンシード —— 2粒
　└ カシア（またはシナモン）—— 2㎝
にんにく（みじん切り）—— 2片分
しょうが（みじん切り）—— 1片分
トマト缶 —— 200g
B ┌ クミンパウダー —— 大さじ2/3
　│ コリアンダーパウダー　大さじ1
　│ ターメリック —— 小さじ1
　│ 塩 —— 小さじ1
　└ こしょう —— 小さじ1/2
ココナッツファイン —— 10g
ガラムマサラ —— 小さじ1
カレーリーフ（なくても可）—— ひとつかみ

作り方

1 鶏肉は皮を外して大きめのひと口大に切る。玉ねぎは縦横半分にしてから繊維に沿って薄切り、青唐辛子は斜め薄切り、ミントと香菜は粗みじん切りにする。

2 鍋に**A**を入れて弱めの中火にかける。カルダモンがふくらんでスパイスの香ばしい香りがしてきたら、にんにく、しょうがを加えてさらに炒め、香りが立ったら玉ねぎを加えて茶色くなるまで炒める。

3 青唐辛子を加えて軽く炒め、トマト缶を加えてさらによく炒める（a）。

4 **B**を加えて混ぜ、スパイスが全体に回ったらココナッツファイン（b）、ひたひたになるくらいの水（分量外）を加える（c）。沸いたら鶏肉を加え、さらに沸いたら火を弱めて、鶏肉に火が通るまで10分ほど煮る。

5 ガラムマサラ、ミント、香菜、カレーリーフを加えてひと煮する。

a　b　c

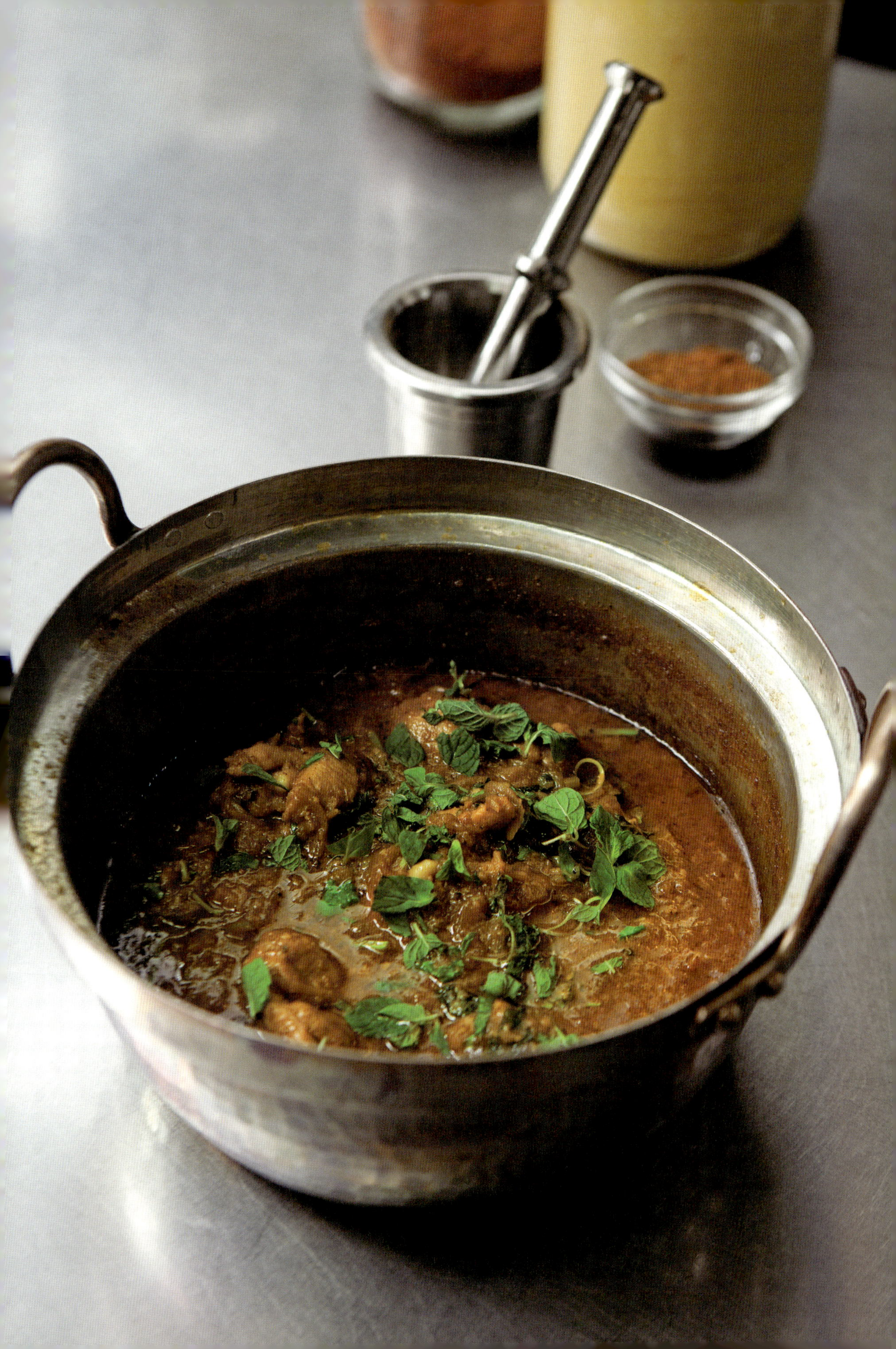

PORK 豚肉

豚バラスープカレー

季節の野菜をごろごろ入れた、具だくさんなスープカレー。
お店では豚肉を煮込む際に、八角や昆布も加えて、
より深みのあるスープになるよう、工夫をしています。
かぼちゃはオーブンで焼いていますが、素揚げにしてもおいしい。

使用スパイス：クミン、カイエンペッパー、コリアンダー、マスタードシード、カレーパウダー、ガラムマサラ、ターメリック

材料（3〜4人分）

- 豚バラ肉 —— 500g
- A [酒 —— 大さじ1と1/3
    しょうゆ —— 大さじ1と1/3
    こしょう —— 少々]
- とうがん —— 1/8個
- かぼちゃ —— 1/4個
- 白いんげん豆 —— 50g
- ほうれん草 —— 1/4束
- サラダ油 —— 40mℓ
- クミンシード —— 小さじ2
- にんにく（みじん切り）—— 2片分
- しょうが（みじん切り）—— 1片分
- 玉ねぎ（すりおろし）—— 中1/2個
- B [クミンパウダー —— 大さじ1
    コリアンダーパウダー —— 大さじ1
    カレーパウダー —— 大さじ1
    ターメリック —— 小さじ1]
- C [しょうゆ —— 大さじ1
    塩 —— 小さじ1
    こしょう —— 少々]
- ココナッツミルク（または牛乳）—— 大さじ1と1/2
- D [カイエンペッパー —— 1本
    マスタードシード —— 小さじ1
    バジルの葉 —— ひとつかみ]
- ガラムマサラ —— 小さじ1

作り方

1. 豚肉は大きめのひと口大に切り、**A**を揉み込んで1時間ほどおく。

2. とうがんはひと口大に切り、下茹でする。かぼちゃは大きめの乱切りにして170℃のオーブンで20分ほど焼く。白いんげん豆はたっぷりの水で戻して柔らかくなるまで茹でる。ほうれん草は5cm長さに切る。

3. 鍋にサラダ油とクミンシードを入れて弱めの中火に熱し、クミンシードのまわりからふつふつと泡が立ってきたら、にんにく、しょうがを加えて炒める。香りが立ったらすりおろした玉ねぎを加え、中火で茶色になるまで炒める（a）。

4. **B**を加えて炒め、スパイスが全体に回って香りが立ったら**C**とかぶるくらいの水（分量外）を加える。

5. 別のフライパンにサラダ油小さじ1（分量外）を熱し豚肉を炒め、焼き色が付いたら（b）、**4**に加える（フライパンに残った油は残しておく）。豚肉が柔らかくなるまで、沸いたら火を弱めて90分ほど煮て（かぶるくらいの水加減を保つように適宜、水を足す）、豚肉が柔らかくなったらココナッツミルクを加えて混ぜる。

6. **5**のフライパンに**D**を入れ、弱めの中火にかける。香ばしく香りが立ったら（c）、**5**の鍋に加え（d）、**2**の野菜を加える。野菜が温まったらガラムマサラを加え、器に盛る。

a 　b 　c 　d

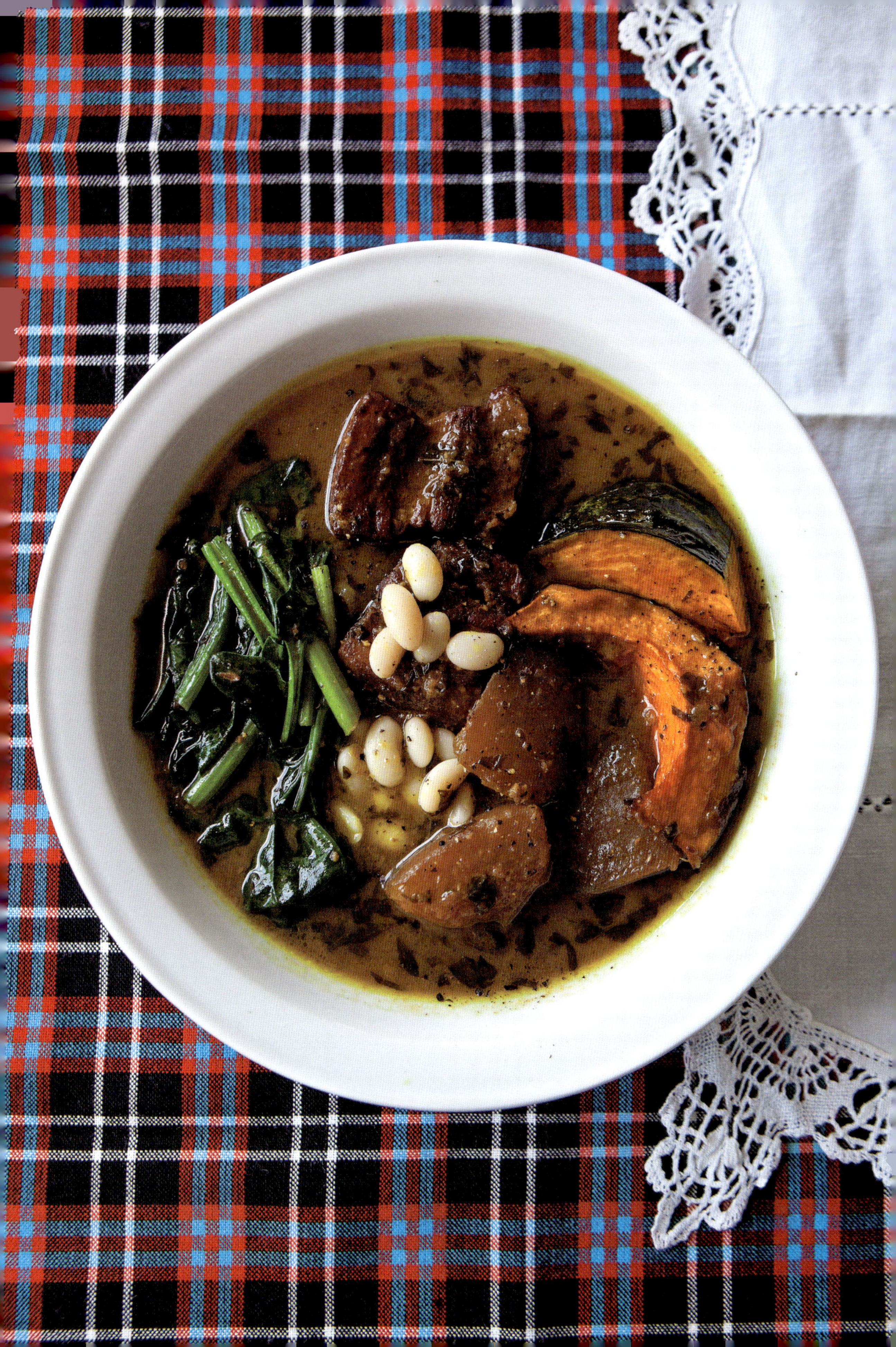

PORK 豚肉

台湾風カレー

台湾の屋台で食べた「ルーローハン」がとてもおいしかったので、
その味をカレー風にできないかとアレンジした一品。
干ししいたけや、干しえび、切り干し大根などをふんだんに。
それぞれの旨味が合わさり、ごはんが進む味になりました。

クミン
カレーパウダー
ガラムマサラ
八角
五香粉

材料（3〜4人分）

豚バラ肉 —— 500g
干ししいたけ —— 3枚
切り干し大根 —— ひとつかみ
もやし —— 1パック
小松菜 —— 1束
サラダ油 —— 大さじ2
クミンシード —— 小さじ2
にんにく（みじん切り）—— 2片分
しょうが（みじん切り）—— 大1片分
干しえび —— 大さじ1
A ┌ カレーパウダー —— 大さじ2
　├ ガラムマサラ —— 小さじ1
　├ 八角 —— 2個
　├ 五香粉 —— 少々
　├ しょうゆ —— 65㎖
　├ 砂糖 —— 大さじ2
　└ オイスターソース —— 小さじ2

［味付け卵］（作りやすい分量）
　卵 —— 6個
　しょうゆ —— 100㎖
　みりん —— 80㎖
　砂糖 —— 大さじ1
　カレーパウダー —— 大さじ1
　水 —— 200㎖

作り方

1 豚肉は1cm幅の短冊切りにする。干ししいたけは300㎖の水（分量外）に浸けて戻し（戻し汁はとっておく）、1cm角に切る。切り干し大根は水で戻し、ざく切りにする。もやしはひげ根を取る。小松菜は6〜7cm長さに切る。もやしと小松菜は、それぞれさっと茹でる。

2 鍋にサラダ油とクミンシードを入れて弱めの中火に熱し、クミンシードのまわりからふつふつと泡が立ってきたら、にんにく、しょうがを加えて炒める。香りが立ったら豚肉、干しえび、干ししいたけを加えて豚肉の色が変わるまで炒める（a）。

3 切り干し大根を加え、しいたけの戻し汁とたっぷりかぶるくらいの水（分量外）を加える。さらにAを加え、少しずらしてふたをし、沸いたら火を弱めて、豚肉が柔らかくなるまで90分ほど煮る（b）。時間通り煮て、水分が多ければふたを外してさらにしばらく煮て、ひたひたになるくらいまで水分を飛ばす。

4 器にごはん（分量外）を盛り、**3**をのせる。残った煮汁にもやしと小松菜をそれぞれさっと絡めて盛り、半分に切った味付け卵をのせる。

＊味付け卵の作り方
卵以外の材料を鍋に入れて煮立たせ、砂糖が溶けたら冷ます。沸騰したお湯の火を少し弱め、室温に戻した卵を入れて中火で6〜7分茹でる。殻をむき、たれに漬け込んで1日おく（写真は半分に切った状態）（C）。

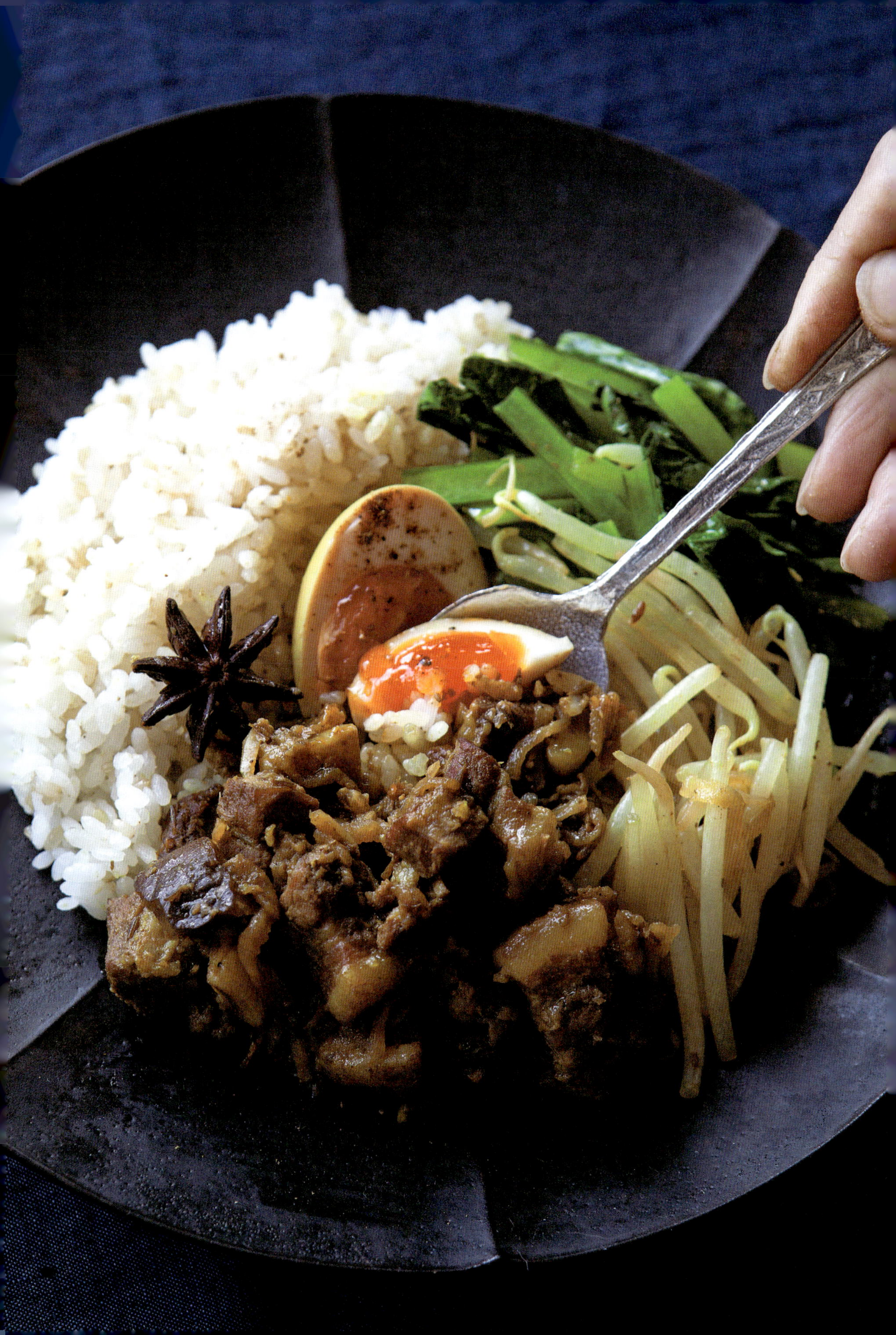

PORK 豚肉

ポークビンダル

インドの南寄りに位置する、ゴア地方のカレー。
ポルトガル領の流れを汲んでいるので、
インド料理とポルトガル料理が融合したような不思議な味です。
柔らかく煮上がった豚肉に、ほんのりと感じる酸味が美味。

カイエンペッパー / ブラックペッパー
クミン / 八角
クローヴ / カシア
マスタードシード / カレーリーフ
シナモン

材料（2〜3人分）

豚バラ肉 —— 300g
A
- カイエンペッパー —— 3本
- クミンシード —— 小さじ1/2
- クローヴ —— 3粒
- マスタードシード —— 小さじ1/2
- シナモンパウダー —— 小さじ1/3
- ブラックペッパー —— 10粒
- 八角 —— 1/8個
- けしの実 —— 小さじ1/2

B
- にんにく（みじん切り） —— 2片
- しょうが（みじん切り） —— 1片
- タマリンド*（または刻んだ梅干し1個） —— 10g
- 赤ワインビネガー —— 小さじ2
- 粗塩 —— 小さじ1/2

モロッコいんげん —— 3本
玉ねぎ —— 中1個
サラダ油 —— 50㎖
カシア（またはシナモン） —— 1〜2cm
カレーリーフ（なくても可） —— 4〜5枚
トマト缶 —— 30g
しょうゆ —— 小さじ2
砂糖 —— 小さじ1
塩 —— 小さじ1
こしょう —— 適量

*タマリンド→P40

作り方

1. 豚肉は1.5cm角に切る。タマリンドはぬるま湯100㎖（分量外）で揉み出して濾し、お湯のほうを使う（かすは捨てる）。Aをミルで挽き、Bと合わせてフードプロセッサーかすり鉢でペースト状にする。豚肉に揉み込み、1時間ほどおく（a）。

2. モロッコいんげんは5等分の斜め切りにする。玉ねぎは1cm角に切る。

3. 鍋にサラダ油を熱し、カシアとカレーリーフを入れる。香りが立ったら玉ねぎを加えて炒め、油が回ったらトマト缶を加えてさらに炒める（b）。

4. 豚肉をペーストごと加えて軽く炒める。豚肉の色が変わったら（c）かぶるくらいの水（分量外）、しょうゆ、砂糖、塩を加え、沸いたら火を弱めて、アクをとりながら豚肉が柔らかくなるまで1時間ほど煮る（途中、水が減ったらひたひたになるくらいまで適宜足す）（d）。モロッコいんげんを加えてひと煮する。

5. 器にごはん（分量外）を盛り、4をかけ、仕上げにこしょうをふる。

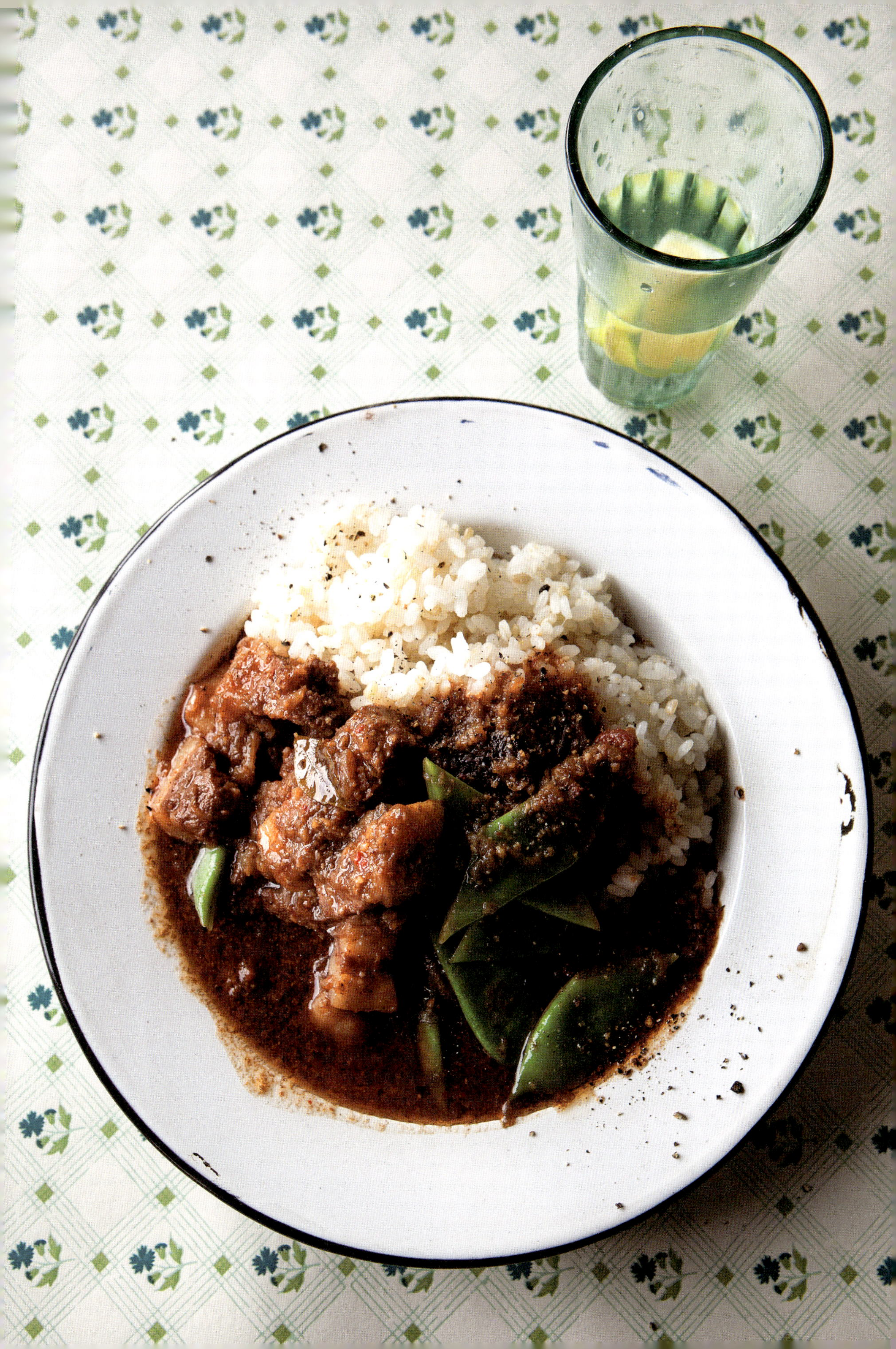

MINCED MEAT 挽き肉

和風キーマカレー

豚汁からインスピレーションを受けて思い付いたカレーです。
ごぼうは粗みじんにして炒め、食感と香りを楽しみます。
みそは、油で炒めてから加えることで、
香ばしさがしっかりと立ち、引き締まった味になります。

- クミン
- シナモン
- カレーパウダー
- ベイリーフ
- コリアンダー
- カルダモン

材料（3〜4人分）

豚挽き肉 —— 400g
玉ねぎ —— 大1個
にんじん —— 中1本
ごぼう —— 1/4本
サラダ油 —— 70㎖
クミンシード —— 小さじ1強
にんにく（みじん切り）—— 2片分
しょうが（みじん切り）—— 1片分
A ┌ カレーパウダー —— 大さじ1と1/2
　├ クミンパウダー —— 大さじ1
　├ コリアンダーパウダー —— 大さじ1
　├ カルダモンパウダー —— 小さじ1/2
　├ シナモンパウダー —— 小さじ1/2
　├ ベイリーフ —— 1枚
　└ かつお粉 —— 小さじ1
B ┌ トマト缶 —— 40g
　├ はちみつ —— 50g
　└ しょうゆ —— 大さじ2
C ┌ 田舎みそ —— 大さじ1と1/3
　├ 八丁みそ —— 大さじ1
　└ ごま油 —— 小さじ2
水 —— 300㎖
白炒りごま —— 適量
小ねぎ（みじん切り）—— 適量

作り方

1. 玉ねぎ、にんじんはみじん切り、ごぼうは粗みじん切りにする。

2. 鍋にサラダ油とクミンシードを入れて弱めの中火にかける。クミンシードのまわりからふつふつと泡が立ってきたら、にんにく、しょうがを加えて炒める。

3. 香りが立ったら、玉ねぎ、にんじん、ごぼうを加え、野菜が茶色くなって水分が出なくなるまで炒める(a)。

4. 豚肉を加え、水分を飛ばすようにしながら炒める(b)。

5. 火を弱め、**A**のスパイスを加えて混ぜる。スパイスが全体に回ったら**B**を加えて混ぜる。

6. 別の小鍋かフライパンに**C**を入れて弱めの中火にかけ、みそを溶かしながら炒める(c)。みその粒がなくなり香ばしい香りがしてきたら水を加えてよく混ぜ、みそが溶けたら**5**に加えて(d)、水分が飛んでペースト状になるまで煮込む。

7. 器にごはん（分量外）を盛り、**6**をかけ、温泉卵（分量外）をのせる。ごまを指でひねりながらふり、小ねぎを飾る。

＊**温泉卵の作り方**
鍋に卵が浸かるくらいのお湯を沸かし、沸騰したら火を止めて室温に戻した卵を入れる。ふたをして8〜10分ほどおく。

a　b　c　d

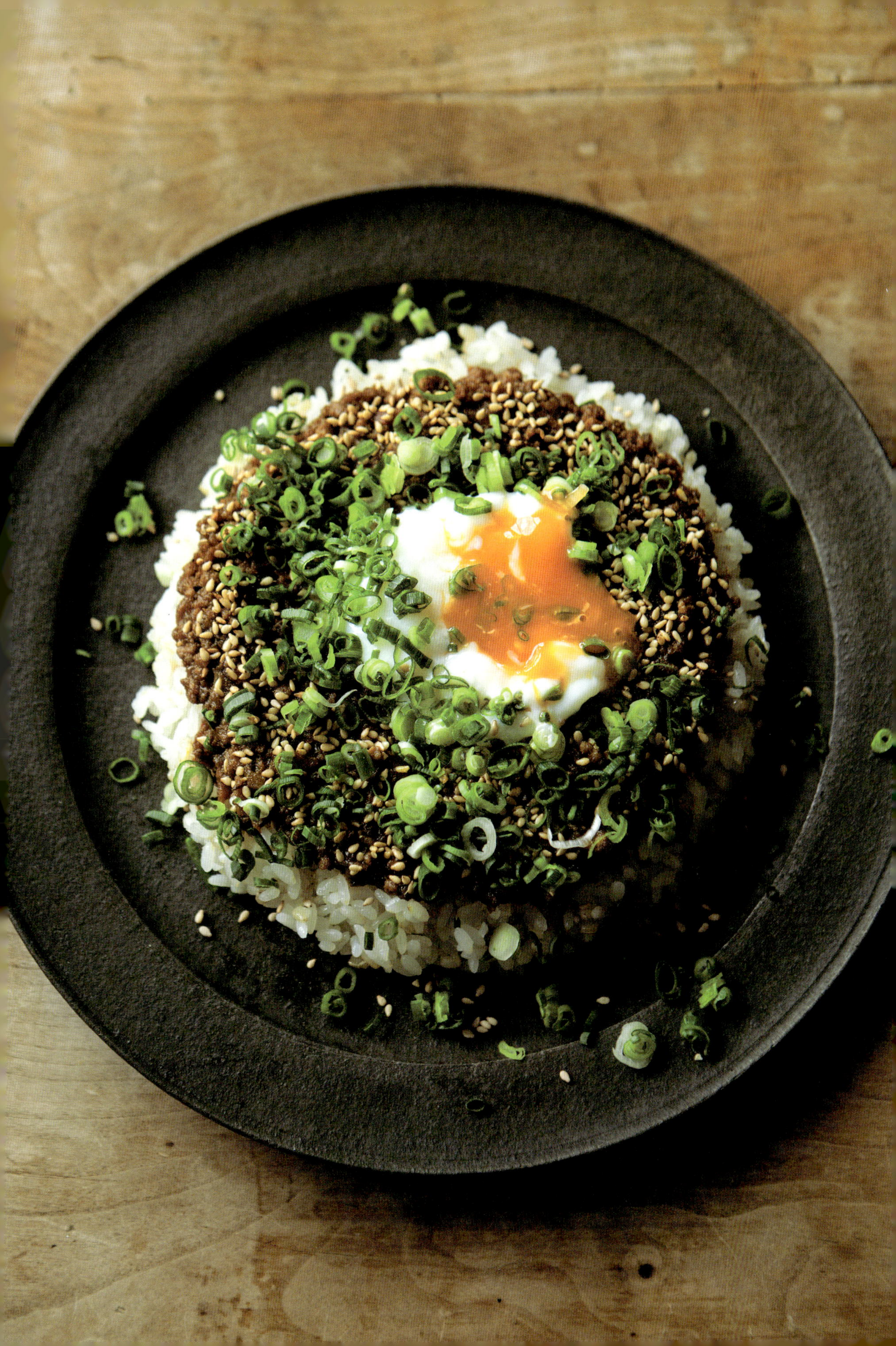

MINCED MEAT 挽き肉

なすと挽き肉のカレー

個人的にも大好きなカレーで、夏になるとよく作ります。
なすのほかにもピーマンやズッキーニなど、青臭い野菜を合わせて、
しょうがをしっかりと効かせるのがポイントです。
大葉、みょうが、香菜などの薬味たっぷりでいただきます。

クミン　カルダモン
コリアンダー　ベイリーフ
ブラックペッパー　ターメリック
マスタードシード　ガラムマサラ
クローヴ

材料（2〜3人分）

合い挽き肉 —— 300g
なす —— 5本
万願寺唐辛子（またはししとう）—— 5本
玉ねぎ —— 小2個
サラダ油 —— 60ml
クミンシード —— 小さじ1と1/2
にんにく（みじん切り）—— 2片分
しょうが（みじん切り）—— 2片分
A ┌ コリアンダーシード —— 大さじ1
　├ クミンシード —— 小さじ2
　├ ブラックペッパー —— 小さじ1
　├ マスタードシード —— 小さじ1
　├ クローヴ —— 10粒
　└ カルダモンシード —— 7粒
ベイリーフ —— 1枚
ターメリック —— 小さじ1
塩 —— 小さじ1/2
トマト缶 —— 60g
ヨーグルト —— 50g
しょうゆ —— 大さじ2と2/3
ガラムマサラ —— 適量
みょうが（せん切り）、針しょうが —— 各適量
こしょう —— 適量

作り方

1　なすは2cm厚さの輪切り、万願寺唐辛子は長さを3等分に切る。玉ねぎは1cm角に切る。

2　鍋にサラダ油とクミンシードを入れて弱めの中火にかける。クミンシードのまわりからふつふつと泡が立ってきたら、にんにく、しょうがを加えて炒める。香りが立ったら玉ねぎを加え、茶色くなるまで炒める。

3　合い挽き肉を加え、ほぐすように炒めて水分を飛ばす（a）。**A**をミルで挽いて加え、ベイリーフ、ターメリック、塩も加えて全体を混ぜる。

4　スパイスが全体に回ったら、トマト缶を加えて水分を飛ばすように炒め（b）、ヨーグルトを加えてさらに炒める。

5　ひたひたより少し多めの水（分量外）としょうゆを加え、沸いたら火を弱めて10分ほど煮る（c）。

6　別のフライパンにサラダ油適量（分量外）を熱してなすを焼き付け、5に加える（d）。万願寺唐辛子とガラムマサラを加えてさっと煮て、器に盛る。みょうが、針しょうがを飾り、こしょうをふる。

60

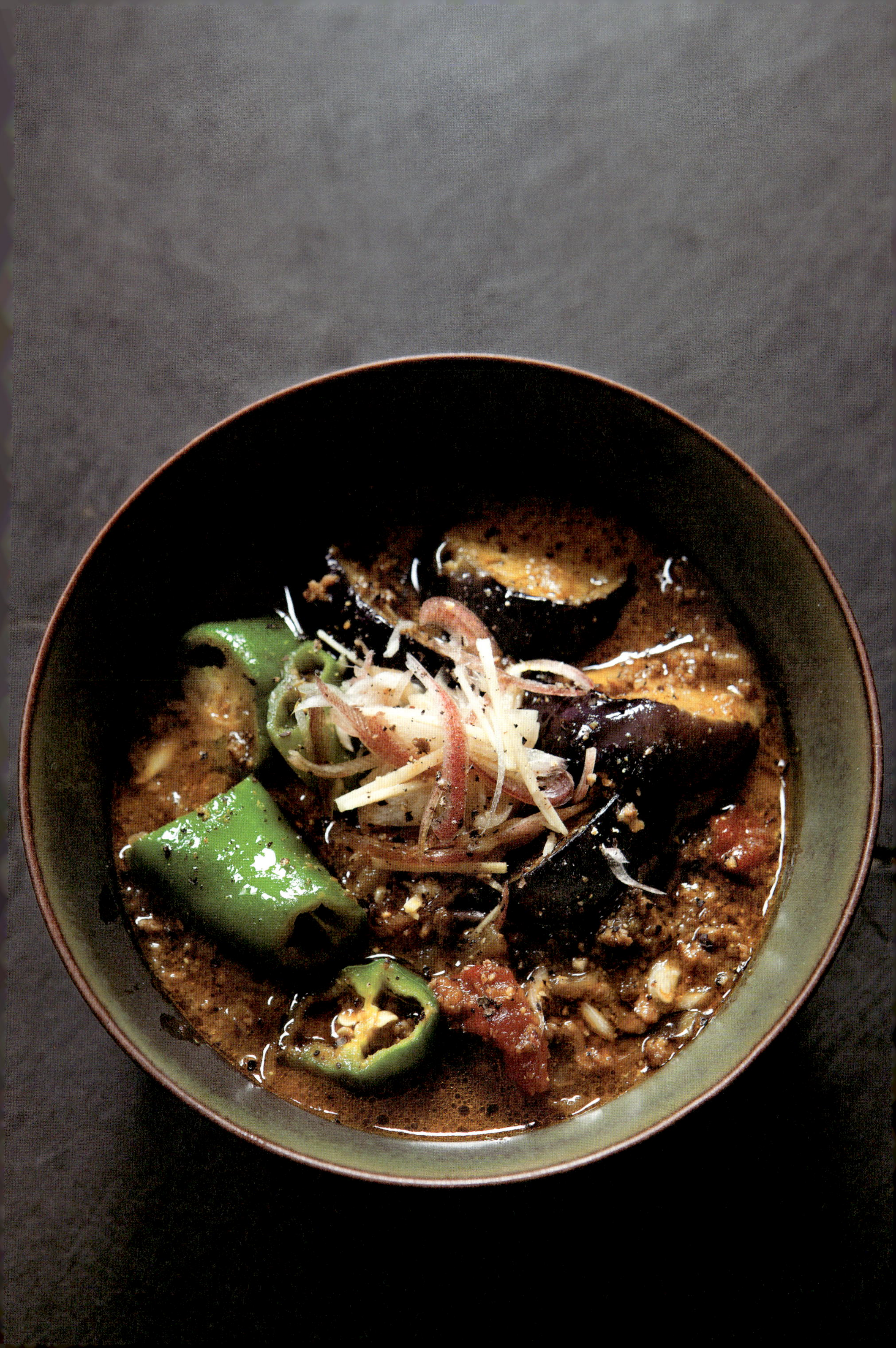

MINCED MEAT 挽き肉

鶏そぼろカレー

三色ごはんの鶏そぼろをイメージして、みりんで甘みをプラス。
菜の花の代わりに、空芯菜やにんにくの芽、みょうがやミニトマト、
とうもろこしや枝豆などを組み合わせてもおいしいです。
カレードレッシングの酸味がアクセントになっています。

クミン	カレーパウダー
マスタードシード	ブラックペッパー
コリアンダー	クローヴ
ターメリック	カルダモン

材料（2～3人分）

- 鶏もも挽き肉 —— 300g
- 長ねぎ —— 1本
- 赤パプリカ —— 1個
- 菜の花 —— 1束
- サラダ油 —— 35mℓ
- クミンシード —— 小さじ1
- マスタードシード —— 小さじ1/2
- にんにく（みじん切り） —— 2片分
- しょうが（みじん切り） —— 1片分
- A
  - クミンシード —— 小さじ1
  - コリアンダーシード —— 小さじ1
  - ターメリック —— 小さじ1
  - カレーパウダー —— 小さじ1
  - ブラックペッパー —— 小さじ1/2
  - マスタードシード —— 小さじ1/2
  - クローヴ —— 6粒
  - カルダモンシード —— 5粒
- B
  - みりん —— 大さじ1
  - しょうゆ —— 大さじ1
  - ナンプラー —— 小さじ1
- ヨーグルト —— 大さじ2と1/2
- 塩 —— 小さじ1/2
- カレードレッシング（P84） —— 適量

作り方

1. 長ねぎは縦半分に切ってから1cm幅に切る。パプリカは2～3cmの角切り、菜の花は斜め半分に切る。

2. 鍋にサラダ油、クミンシード、マスタードシードを入れて弱めの中火にかける。スパイスのまわりからふつふつと泡が立ってきたら、にんにく、しょうがを加えて炒める。香りが立ったら長ねぎを加えて薄く色付くまで炒める（a）。

3. 鶏肉を加え、ほぐすように炒めて水分を飛ばす（b）。Aをミルで挽いて加える。

4. スパイスが全体に回ったらBを加えて混ぜ、さらにヨーグルトを加え、炒め混ぜる（c）。

5. ひたひたになるくらいまで水（分量外）を加えて、沸いたら火を弱めて10分ほど煮る。塩で味をととのえ、パプリカ、菜の花を加えてさっと煮る。器にごはん（分量外）を盛り、4をかけ、よく混ぜたカレードレッシングを回しかける。

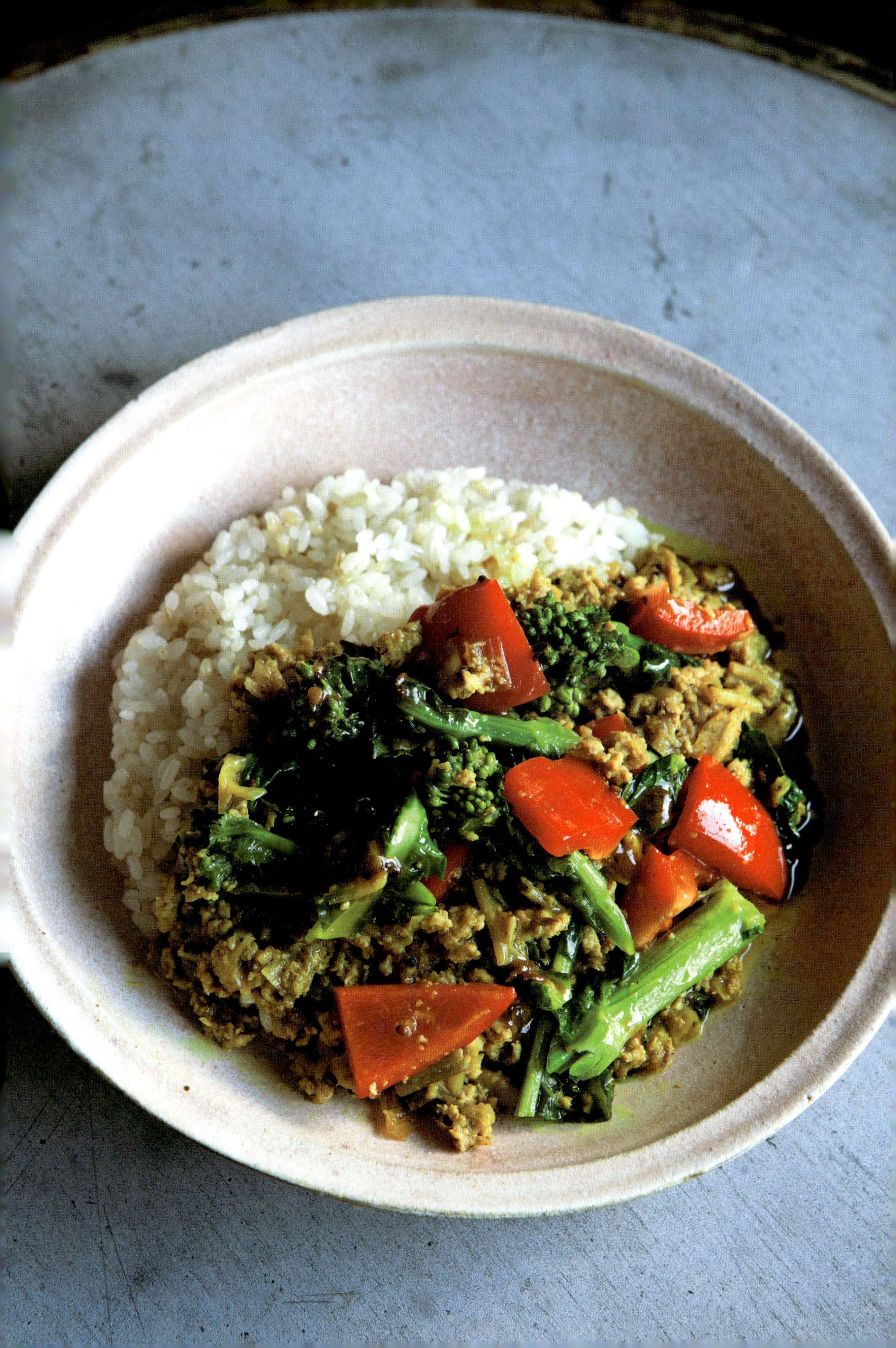

MINCED MEAT 挽き肉

挽き肉ともやしのスープカレー

担担麺から発想して、スパイスに五香粉などの中華の
エッセンスを加えたカレー。中華麺に合わせても美味です。
みそを香ばしく炒めてから加えるのがポイント。
しびれる辛さの花椒をたっぷりかけて食べてください。

クミン
カレーパウダー
コリアンダー
五香粉

材料(2〜3人分)

豚挽き肉 ── 300g
長ねぎ ── 1/3本
もやし ── 1袋
ほうれん草 ── 1束
サラダ油 ── 60mℓ
クミンシード ── 小さじ2
にんにく(みじん切り) ── 2片分
しょうが(みじん切り) ── 1片分
A │ カレーパウダー ── 大さじ1
  │ コリアンダーパウダー ── 小さじ2
  │ クミンパウダー ── 小さじ1
  │ 五香粉 ── 小さじ1/2
鶏ガラスープの素 ── 小さじ1
しょうゆ ── 大さじ1弱
砂糖 ── 小さじ2
ごま油 ── 小さじ1
みそ ── 小さじ1
すりごま ── 30g
白髪ねぎ、糸唐辛子、花椒、こしょう ── すべて適量

作り方

1. 長ねぎは縦4等分に切ってから1cm幅に切る。もやしはひげ根を取る。ほうれん草は長さ半分に切る。

2. 鍋にサラダ油とクミンシードを入れて弱めの中火にかける。クミンシードのまわりからふつふつと泡が立ってきたら、にんにく、しょうがを加えて炒める。香りが立ったら長ねぎを加えて薄く色づくまで炒める。

3. 豚肉を加え、ほぐすように炒めて水分を飛ばす(a)。Aを加えて混ぜ、スパイスが全体に回ったら、かぶるくらいの水(分量外)、鶏ガラスープの素、しょうゆ、砂糖を加えて混ぜ、沸いたら火を弱めて10分ほど煮る。

4. 別の鍋にごま油とみそを入れて火にかけ(b)、香ばしく炒めたら3に加える(c)。すりごま、もやし、ほうれん草を加えてさっと煮る。

5. 器に盛り、白髪ねぎ、糸唐辛子を飾り、花椒、こしょうをかける。

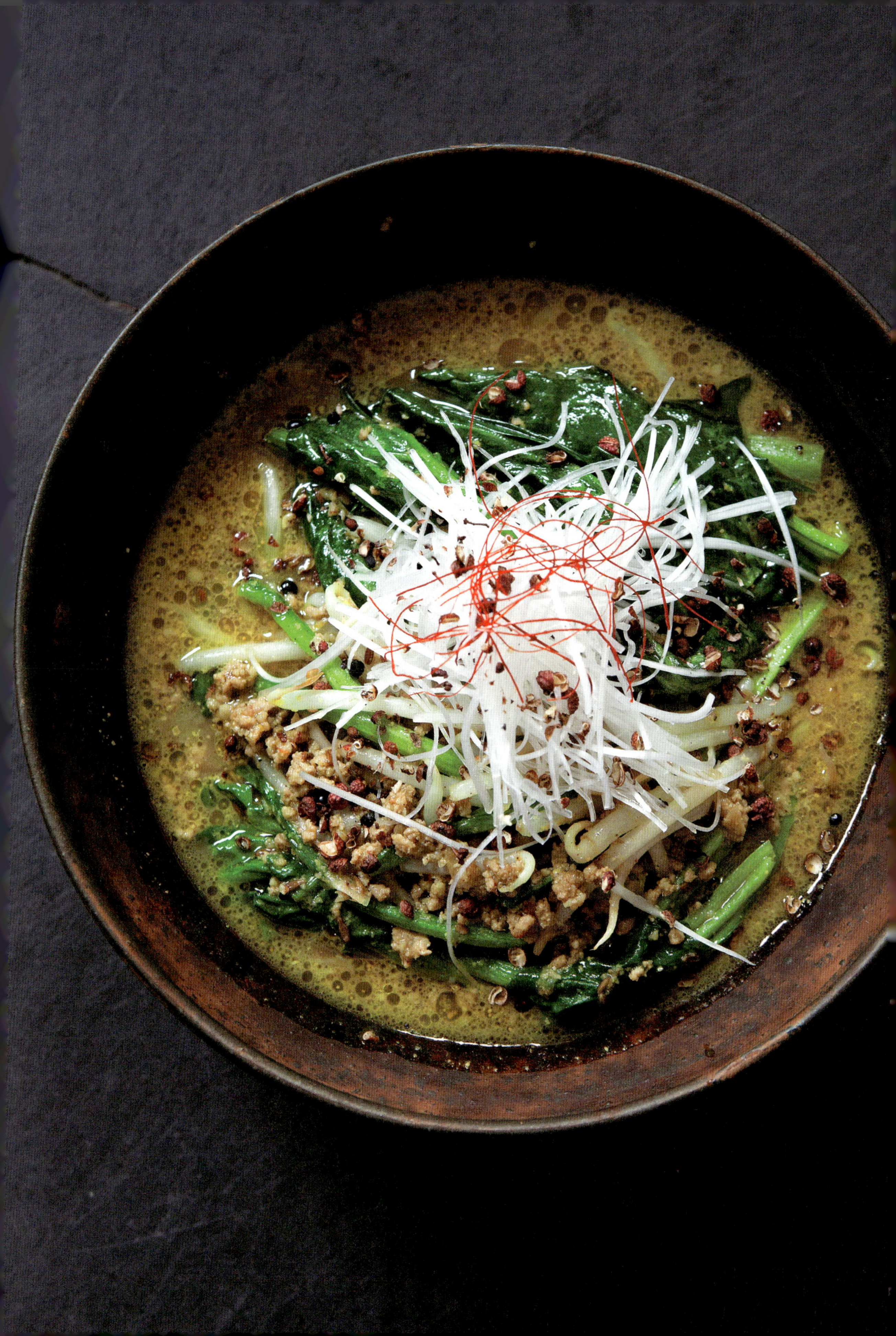

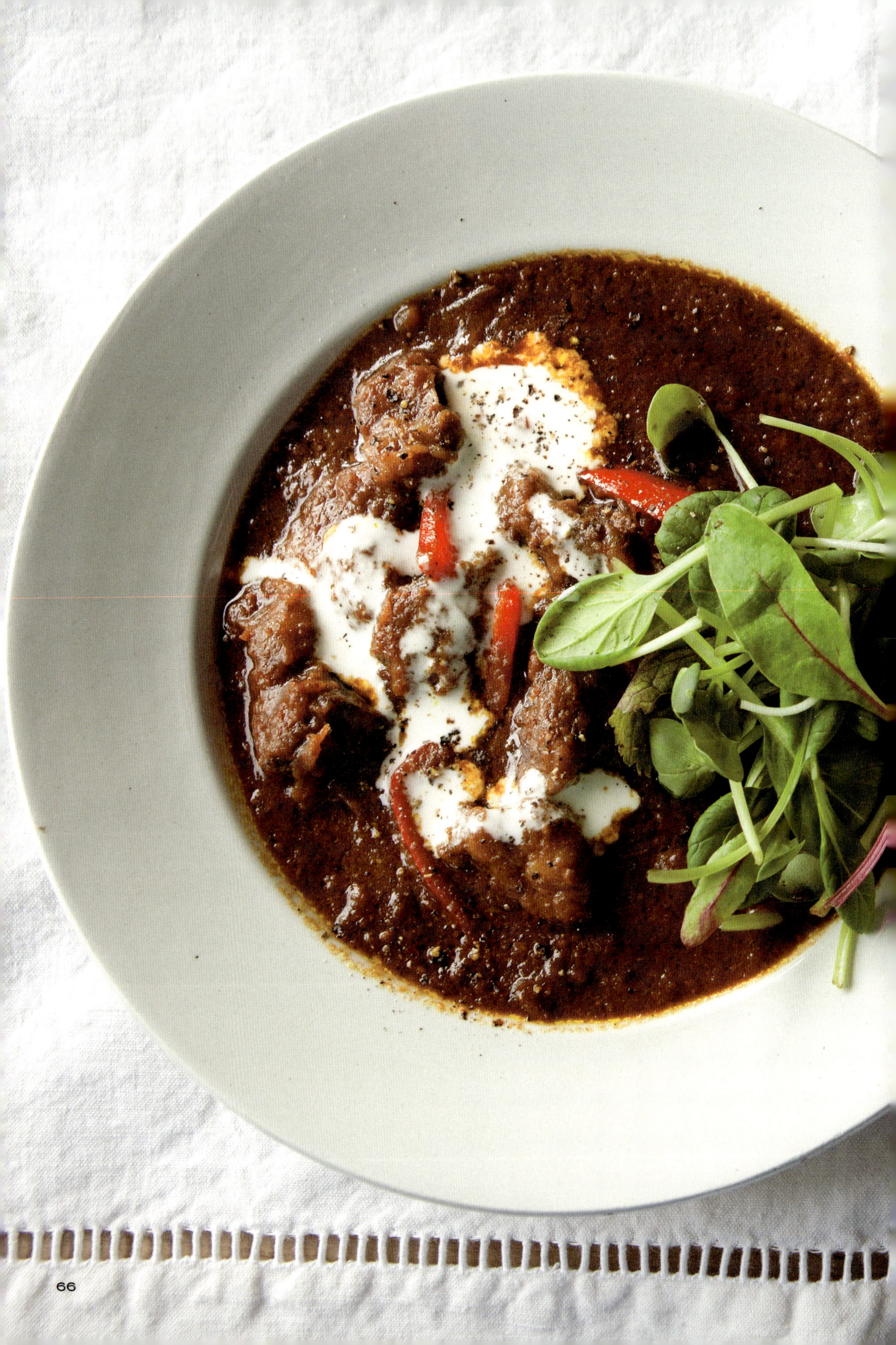

BEEF 牛肉

ビーフカレー

オクシモロンでは、小麦粉の入るカレーはほとんど作りませんが、家で食べるような欧風×日本風なカレーを食べたくて考えたレシピ。ルウも手作りして、時間と愛情をかけただけのおいしさを味わえる、とっておきの一品です。

材料（4人分）
牛肉（肩ロース、バラ、ももなど）—— 500g
A ┌ 塩 —— 小さじ1
　├ こしょう —— 適量
　└ 酒 —— 大さじ1と1/2
赤パプリカ —— 1個
玉ねぎ —— 中1個
サラダ油 —— 75mℓ
B ┌ クミンシード —— 大さじ1
　└ マスタードシード —— 小さじ2
にんにく（すりおろし）—— 2片分
しょうが（すりおろし）—— 1片分
玉ねぎ（すりおろし）—— 小2個分
C ┌ コリアンダーパウダー —— 大さじ2
　├ クミンパウダー —— 大さじ1
　├ シナモンパウダー —— 小さじ1/2
　├ セロリシード*（なくても可）—— 小さじ1/2
　└ ベイリーフ —— 1枚
D ┌ にんじん —— 1/2本
　├ セロリ —— 1/2本
　├ りんご —— 1/4個
　├ バナナ —— 1/4本
　└ 水 —— 500mℓ
E ┌ しょうゆ —— 大さじ1
　├ はちみつ —— 大さじ1と1/2
　└ ウスターソース —— 大さじ1
固形ルウ（P68参照）—— 50g
ヨーグルト —— 50g
生クリーム —— 50mℓ
ベビーリーフ —— 1袋

＊セロリシードはセロリの種子で、生のセロリよりも強い香りと甘味をもつ。青臭みのある野菜と合わせると、臭みが和らぎ、素材の味が引き立ちます。

［カラメル］
砂糖 —— 大さじ1
水 —— 大さじ2と1/3

［固形ルウ］材料（作りやすい分量：でき上がり220g）
バター —— 175g
小麦粉 —— 150g
カレーパウダー —— 60g

クミン
マスタードシード
コリアンダー
シナモン
ベイリーフ
カレーパウダー

固形ルウの作り方

1 鍋にバターを入れて中弱火にかける。バターが溶けたら小麦粉を入れ、木べらでたえず混ぜながら炒める。

2 サラサラになって薄茶色になり、香ばしい香りがしてきたらカレーパウダーを加え、炒める。

3 カレーのかぐわしい香りがしてきて、粉っぽさがなくなり、全体がもったりとしてきたら完成。

4 耐熱容器に流し入れる。そのまま1日おいて固める。

＊保存する場合はラップで密閉して、フリーザーバッグに入れると良い。冷凍で3か月ほど保存可能。

カラメルの作り方

小鍋に砂糖と水小さじ1を入れて強火にかける。そのまま煮詰めて濃い茶色になったら火を止め、水大さじ2を加えて煮溶かす。

ビーフカレーの作り方

1 牛肉は大きめのひと口大に切り、**A**を揉み込む。パプリカは縦半分に切ってから5mm幅の細切りにする。玉ねぎはくし形切りにする。

2 鍋にサラダ油と**B**を入れ、弱めの中火にかける。スパイスのまわりからふつふつと泡が立ってきたら、にんにく、しょうがを加えて炒める。香りが立ったらすりおろした玉ねぎを加え、玉ねぎがこげ茶色になり、油と分離してサクサクとしてくるまでよく炒める。**C**を加えて混ぜ、スパイスを全体に回す。

3 牛肉と玉ねぎを加えて炒める。牛肉の色が変わったら**D**をミキサーで撹拌して加える。さらにカラメルを加え、沸いたら火を弱めてアクを取りながら、ふたをして90分ほど煮る。

4 牛肉が柔らかくなり、スープから野菜の臭みがなくなったら、**E**と固形ルウを砕いて加え、5分ほど煮る。

5 仕上げにパプリカを加えてひと煮し、器に盛る。ヨーグルトと生クリームを混ぜたものをかけ、ベビーリーフを飾る。

69

BEANS, FISH, VEGETABLES 豆、魚、野菜

3種の豆カレー

豆のお腹が崩れるくらい柔らかく煮るのがおすすめの豆カレー。
小豆や花豆などほかの豆でも、種類を増やしてもおいしいです。
茹で汁には良いだしが出ているので、捨てないようにしてください。
ゆず酢で酸味を効かせるのがポイント。かぼすや、すだちでも。

クミン　　　マスタードシード
コリアンダー　ガラムマサラ
ターメリック

材料（3〜4人分）

- ひよこ豆（乾燥） —— 50g
- 赤いんげん豆（乾燥） —— 50g
- イエロームングダル（乾燥）* —— 50g
- 玉ねぎ —— 大1個
- サラダ油 —— 40㎖
- クミンシード —— 小さじ2
- にんにく（みじん切り） —— 2片分
- しょうが（みじん切り） —— 1片分
- A ┌ コリアンダーパウダー —— 大さじ1と1/2
  │ クミンパウダー —— 大さじ2/3
  └ ターメリック —— 大さじ1/2
- トマト缶 —— 150g
- カシューナッツ —— 15g
- しょうゆ —— 大さじ1と1/3
- 塩 —— 小さじ1
- こしょう —— 少々
- B ┌ サラダ油 —— 大さじ1と1/2
  │ マスタードシード —— 小さじ2/3
  └ ウラドダル*（なくても可） —— 小さじ1
- ガラムマサラ —— 適量
- ゆず酢* —— 小さじ1
- 万能ねぎ（小口切り） —— 適量

*イエロームングダルは、皮がむいてあるムング豆（緑豆）のこと。皮がないので、水で戻す必要がなく、短時間で煮ることができます。
*ウラドダルはもやしの原料であるブラックマッペ豆で、香ばしい独特な香りがあることから香り付けとして使用しています。
*ゆず酢 → P103

作り方

1. ひよこ豆、赤いんげん豆はひと晩水に浸けて戻し、イエロームングダルは軽く洗っておく。それぞれ柔らかくなるまで茹でる（茹で汁は残しておく）（a）。玉ねぎは1cm角に切る。

2. 鍋にサラダ油とクミンシードを入れて弱めの中火にかける。クミンシードのまわりからふつふつと泡が立ってきたら、にんにく、しょうがを加えて炒める。香りが立ったら玉ねぎを加えて茶色くなるまで炒める。

3. **A**を加えて混ぜ、スパイスが全体に回ったら（b）、トマト缶を加え、水分を飛ばすようにして炒める。カシューナッツと水少々（分量外）をミキサーにかけたものを加え、さらに炒める。

4. **1**の豆を加え、ひたひたになるように茹で汁を加える（足りない場合は水を足す）。しょうゆ、塩、こしょうを加えて混ぜ、沸いたら火を弱めて5分ほど煮る（c）。

5. 小鍋に**B**を入れて中火にかける。マスタードシードがはぜてウラドダルが薄茶色に色付いたら**4**に加える（d）。

6. ガラムマサラ、ゆず酢を加えて混ぜ、器に盛る。万能ねぎを飾る。

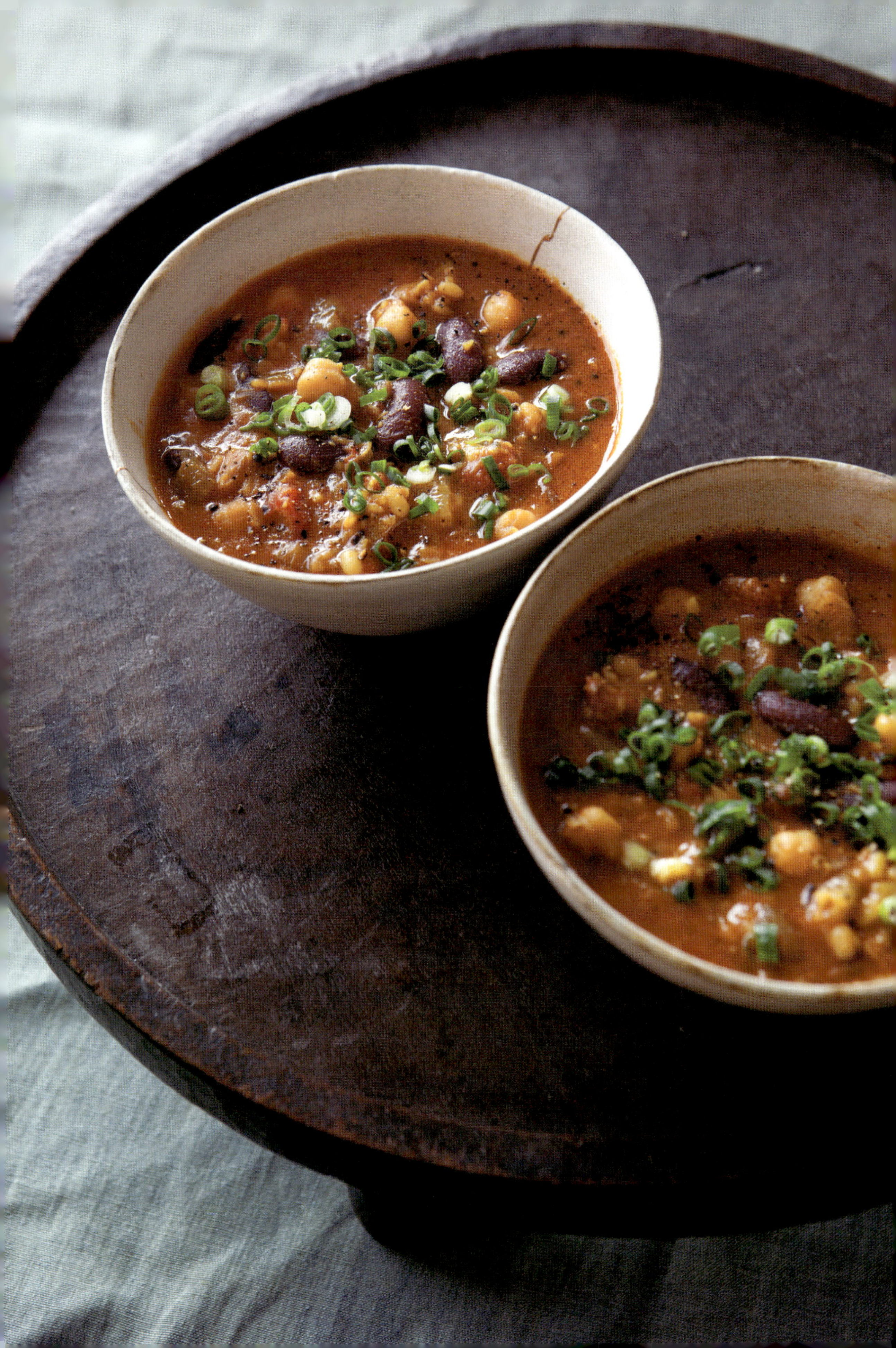

BEANS, FISH, VEGETABLES 豆、魚、野菜

スリランカ風ダルカレー

レンズ豆をココナッツミルクで煮たスリランカ風豆カレーです。
ココナッツミルクのやさしい味わいなので、
ほかのスリランカのカレーと混ぜて食べるのがおすすめ。
あれば紫玉ねぎを使うと、甘みが増し、見た目もきれいです。

ランペ
マスタードシード
カレーリーフ

材料（3〜4人分）

- レッドレンティル*（オレンジ色のレンズ豆）—— 200g
- 紫玉ねぎ（または玉ねぎ）—— 1/4個
- ランペ（なくても可）—— 2本（約20cm）
- ココナッツミルク —— 80ml
- 塩 —— 小さじ1
- サラダ油 —— 大さじ3
- マスタードシード —— 小さじ1
- にんにく（薄切り）—— 1片
- カレーリーフ（なくても可）—— 10〜15枚

＊レッドレンティルは皮がむいてあるため、短時間で煮える柔らかい豆です。

作り方

1 紫玉ねぎは縦横半分に切ってから繊維に沿って薄切りにする。ランペは4〜5cm長さに切る。

2 レッドレンティルを軽く洗って鍋に入れ、かぶるくらいの水（分量外）を加えて火にかける（常にひたひたより多めの水加減を保つ）（a）。沸いたら火を弱めて10分ほど煮て柔らかくなったら、ココナッツミルク、塩を加えて軽く煮る。

3 フライパンにサラダ油とマスタードシードを入れて火にかける。マスタードシードがはじけてきたらにんにくを加え、香りが立ったら、紫玉ねぎ、カレーリーフ、ランペを加えて炒める（b）。さらによい香りがしてきたら、仕上げ用に少量残して2に加える（c）。味をみて足りなければ塩（分量外）でととのえる。

4 器に盛り、残った2をかける。

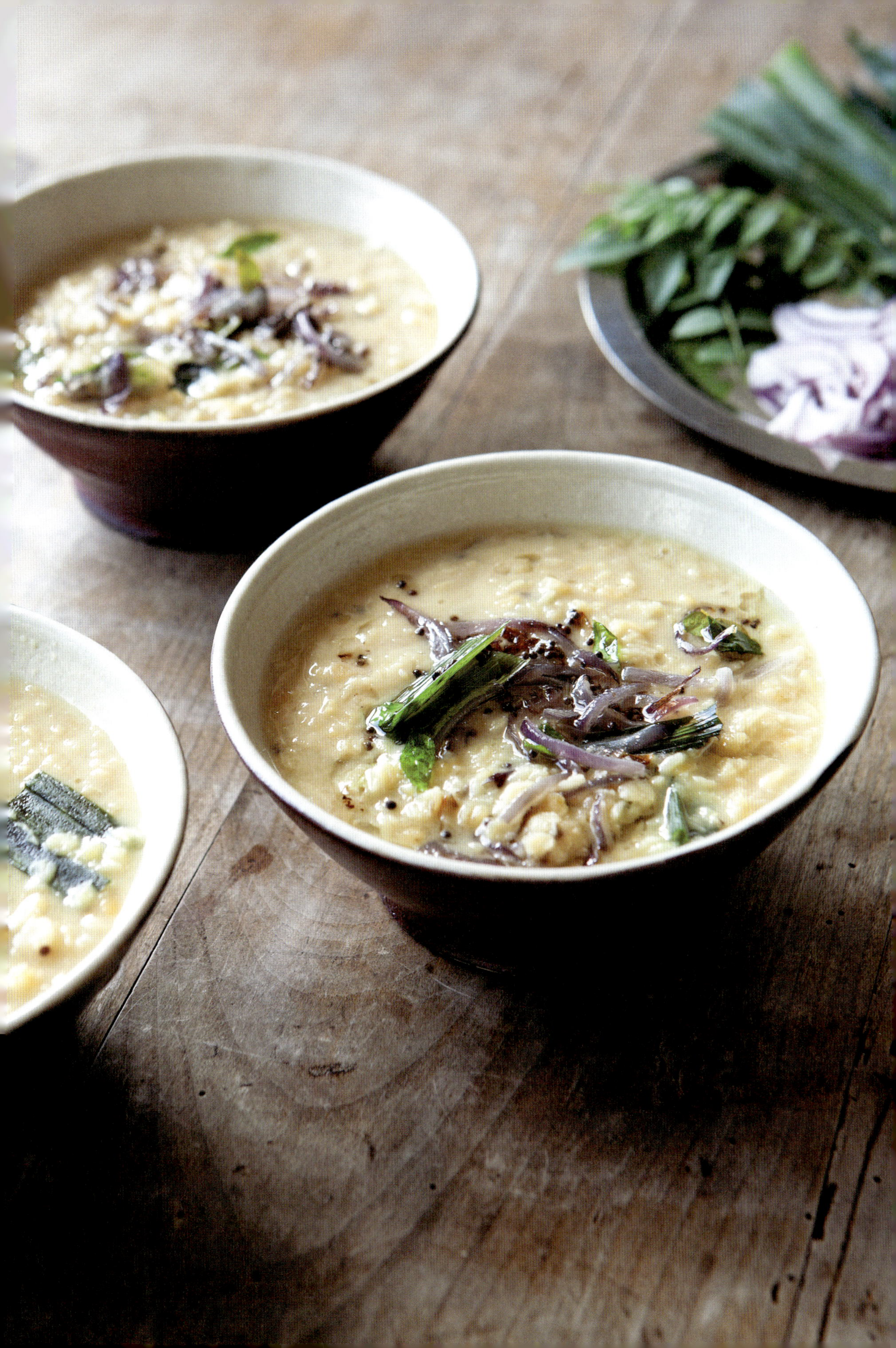

BEANS, FISH, VEGETABLES 豆、魚、野菜

夏野菜のカポナータカレー

冷やしてもおいしいカポナータカレーは、常備菜的な一品。
バゲットに合わせたり、ワインのおつまみにしたり。
ごはんに合わせる場合は、水を少量足して汁気を加えて。
お鍋にたっぷり作って、数日間いろいろと楽しみます。

カイエンペッパー　カレーパウダー
クミン　ターメリック
コリアンダー　ガラムマサラ

材料(2〜3人分)

玉ねぎ —— 大1個
かぼちゃ —— 1/8個
ズッキーニ —— 1本
なす —— 2本
赤、黄パプリカ —— 各1個
ピーマン —— 2個
カイエンペッパー —— 2本
オリーブオイル —— 70mℓ
クミンシード —— 小さじ1
にんにく(薄切り) —— 1片分
塩 —— 小さじ2
A ┌ コリアンダーパウダー —— 大さじ1と1/2
　├ カレーパウダー —— 大さじ1
　├ クミンパウダー —— 大さじ1/2
　└ ターメリック —— 小さじ1
トマト缶 —— 400g
しょうゆ —— 小さじ1
塩、こしょう —— 各適量
ガラムマサラ —— 適量

作り方

1 玉ねぎは大きめのくし形切り、かぼちゃはひと口大、ズッキーニとなすは1.5cm厚さの輪切り、パプリカとピーマンはひと口大の乱切り、カイエンペッパーは半分にちぎって種を除く。

2 鍋にオリーブオイルとクミンシードを加えて弱めの中火にかける。クミンシードのまわりからふつふつと泡が立ってきたら、カイエンペッパー、にんにくを加えて炒め、香りが立ったら玉ねぎを加え(a)、かぼちゃ、ズッキーニ、なす、パプリカ、ピーマンの順に加えて軽く炒める(b)。

3 全体に油が回ったら、塩と**A**を加える。スパイスが全体に回ったらトマト缶を加え、沸いたら火を弱め、ふたをして10分ほど煮る(c)。

4 野菜に火が通ったら、ふたを外してとろみが少しつくくらいまで煮詰める。しょうゆ、塩、こしょうで味をととのえ、ガラムマサラを加える。

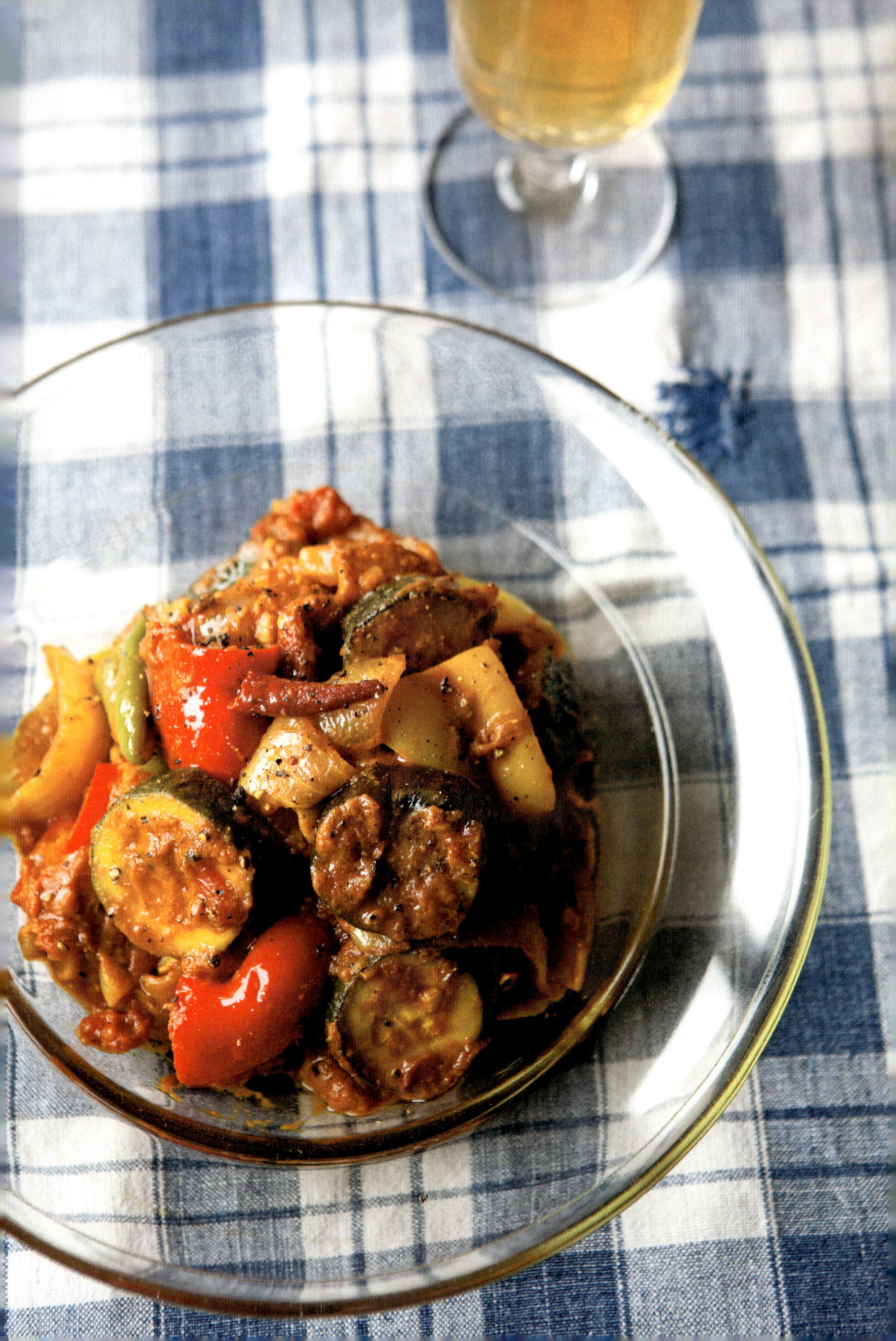

BEANS, FISH, VEGETABLES 豆、魚、野菜

ごろごろ野菜カレー

野菜だけなのに、味にどこか奥行きを感じられるのは、
フェンネルシード、ココナッツミルク、香菜を加えているから。
野菜はそれぞれに予め火を通しておくと、
見た目がきれいに仕上がります。
季節の野菜なら、なんでもOK。鶏肉を加えてもおいしい。

クミン　　　　カレーパウダー
フェンネルシード　　ターメリック
コリアンダー　　マスタードシード
　　　　　　　ガラムマサラ

材料（2〜3人分）

さつまいも —— 1本
かぶ —— 3個
かぶの葉 —— 3本分
玉ねぎ —— 大1個
ブロッコリー —— 1/2株
サラダ油 —— 60mℓ
クミンシード —— 小さじ2
フェンネルシード（なくても可） —— 少々
A ┌ コリアンダーパウダー —— 大さじ1
　│ カレーパウダー —— 大さじ1
　│ ターメリック —— 小さじ1
　└ クミンパウダー —— 小さじ2
B ┌ ココナッツミルク —— 100g
　│ しょうゆ —— 大さじ2と1/2
　│ 塩 —— 小さじ1強
　└ こしょう —— 少々
バター —— 15g
マスタードシード —— 小さじ1
香菜（みじん切り） —— ひとつかみ
ガラムマサラ —— 適量
こしょう —— 適量

作り方

1. さつまいもは3cm厚さの輪切り、かぶは大きめのくし形切りにし、かぶの葉は食べやすい長さに切る。玉ねぎはくし形切り、ブロッコリーは小房に分ける。野菜はそれぞれ下茹でする（または蒸しても良い）。

2. 鍋にサラダ油、クミンシード、フェンネルシードを入れて弱めの中火にかける。スパイスのまわりからふつふつと泡が立ってきたら中火にして玉ねぎを加え、薄茶色になるまで炒める。

3. 火を少し弱めてAを加える。スパイスが全体に回ったら（a）、Bとひたひたになるくらいまで水（分量外）を加えて、沸いたら火を弱めて5分ほど煮る。

4. 別鍋にバターを溶かし、マスタードシードを入れる。はぜてきたら（b）、3に加える。（c）

5. 1の野菜と香菜を加える。野菜が温まったらガラムマサラを加えて器に盛り、こしょうをふる。

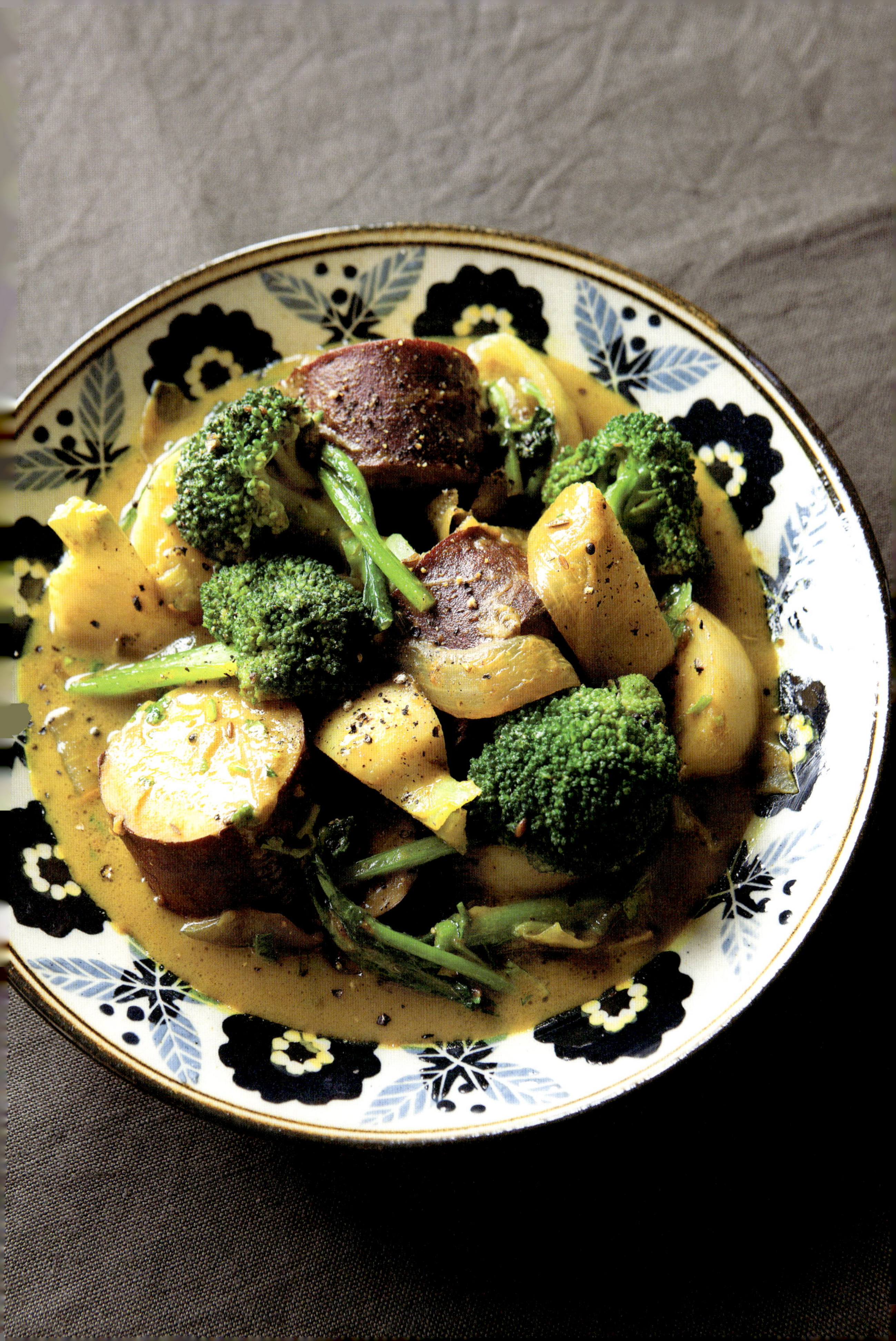

BEANS, FISH, VEGETABLES 豆、魚、野菜

あさりとトマトのカレー

あさりとトマトの旨味が合わさり、さっぱり食べられます。
青唐辛子などの青臭さのある野菜に、
キュッと絞ったレモンの酸味が良く合います。
あさりの代わりに魚やエビでも、鶏肉にしてもおいしいです。

クミン
フェヌグリーク
コリアンダー
ターメリック
カレーリーフ

材料（3～4人分）

- あさり —— 500g
- 玉ねぎ —— 1/2個
- 青唐辛子（またはししとう）—— 1～2本
- 香菜の茎、根 —— ひとつかみ
- サラダ油 —— 50ml
- クミンシード —— 小さじ1
- フェヌグリーク（なくても可）—— ひとつまみ
- にんにく（みじん切り）—— 1片分
- しょうが（みじん切り）—— 1片分
- トマト缶 —— 300g
- A ┌ コリアンダー —— 大さじ2
    │ クミンパウダー —— 大さじ1
    └ ターメリック —— 小さじ1/3
- B ┌ 砂糖 —— 大さじ1と1/2
    │ しょうゆ —— 大さじ1
    └ 塩 —— 小さじ1
- カレーリーフ（なくても可）—— ひとつかみ
- 塩 —— 適量
- こしょう —— 少々
- レモンの搾り汁 —— 1/4個分

作り方

1. あさりは砂抜きする。玉ねぎは縦横半分に切ってから繊維に沿って薄切りにする。青唐辛子は斜め薄切りにする。香菜の茎と根は細かく刻む。

2. 鍋にサラダ油、クミンシード、フェヌグリークを入れて弱めの中火にかける。スパイスのまわりからふつふつと泡が立ってきたら、にんにく、しょうがを加えて炒める。香りが立ったら玉ねぎを加えて茶色くなるまで炒める。

3. 青唐辛子、トマト缶を加え、水分を飛ばすようにしてしっかり炒める（a）。

4. **A**を加えて混ぜ、スパイスが全体に回ったら、**B**とかぶるくらい水（分量外）を加えて煮立たせる（b）。

5. あさりを加え、口が開いたらカレーリーフ、香菜の茎と根を加え（c）、塩、こしょうで味をととのえ、レモンの搾り汁を加える。

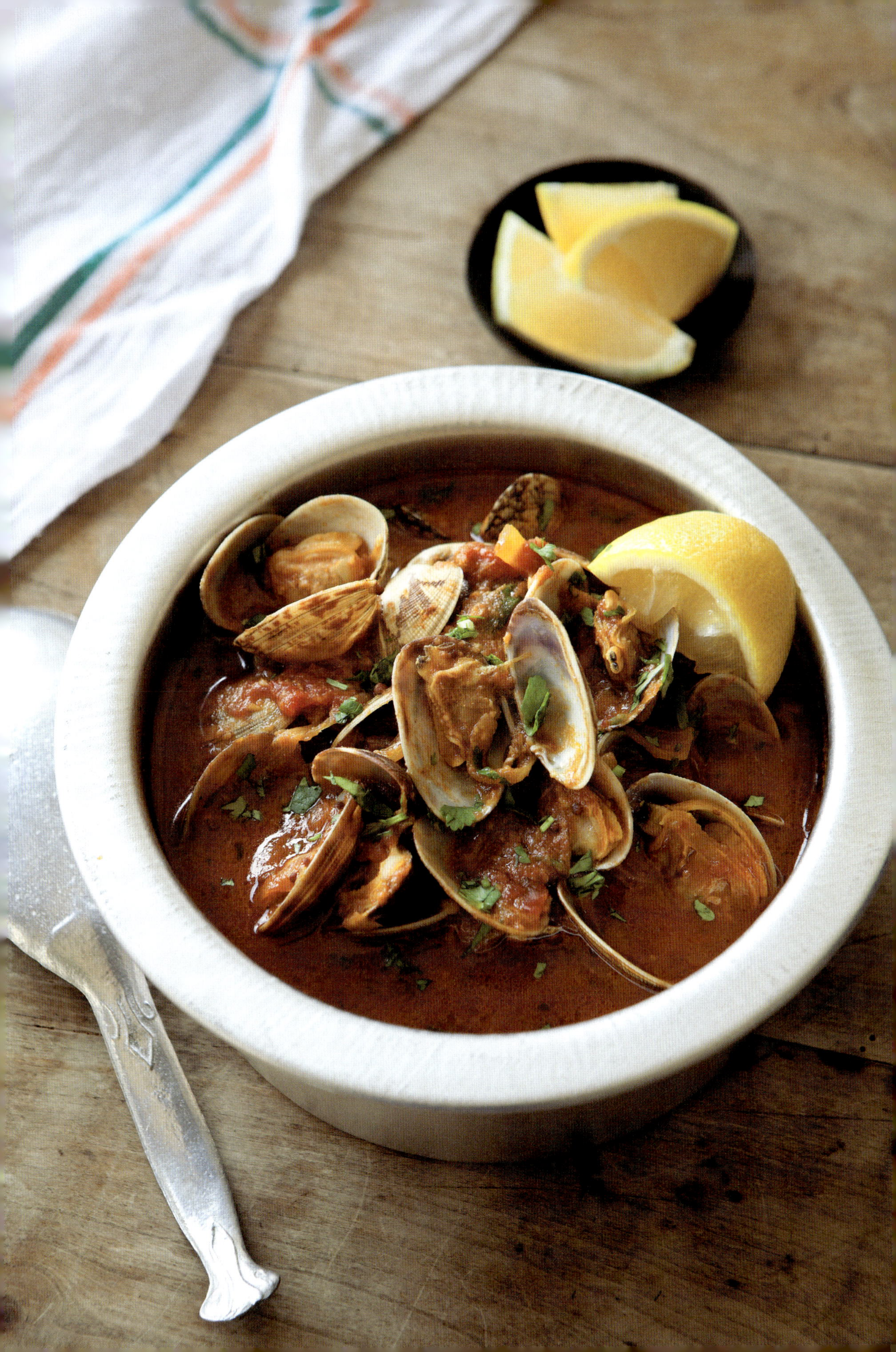

BEANS, FISH, VEGETABLES 豆、魚、野菜

スリランカ風魚カレー

スリランカを旅したときに教えてもらった、本場のカレー。
オクシモロンでは肉を使ったレシピが多いので、ちょっと珍しい魚のカレーです。
魚は火が通りすぎないようにさっと煮るくらいで仕上げます。
材料も作り方も比較的シンプル。さらっと食べられる一品です。

- スリランカカレーパウダー
- ターメリック
- カレーリーフ
- フェヌグリーク
- ランペ

材料(3〜4人分)

めかじき(または、たら、ぶり、まぐろなど) —— 2切れ
じゃがいも —— 2個
ししとう —— 8本
玉ねぎ —— 中1/2個
サラダ油 —— 50mℓ
A ┌ スリランカカレーパウダー —— 大さじ2
　│ ターメリック —— 小さじ1/2
　│ カレーリーフ —— ひとつかみ
　│ フェヌグリーク(なくても可) —— ひとつまみ
　└ ランペ(なくても可) —— 15cm(4〜5cm長さに切る)
にんにく(みじん切り) —— 1片分
しょうが(みじん切り) —— 1片分
B ┌ ココナッツミルク —— 150g
　│ 塩 —— 小さじ1
　└ 水 —— 100mℓ

作り方

1. めかじきは大きめのひと口大に切る。じゃがいもは半分に切ってから1cmの厚さに切り、柔らかくなるまで下茹でする。ししとうは長さ半分に切る。玉ねぎは縦横半分に切ってから繊維に沿って薄切りにする。

2. 鍋にサラダ油とAを入れ、弱めの中火にかける。スパイスのまわりからふつふつと泡が立ってきたら(a)、にんにく、しょうがを加えて炒める。香りが立ったら玉ねぎを加えて茶色くなるまで炒める。

3. Bを加え(b)、ひと煮立ちしたら、めかじき、じゃがいもを加える(c)。めかじきに火が通ったらししとうを加えてさっと煮る。

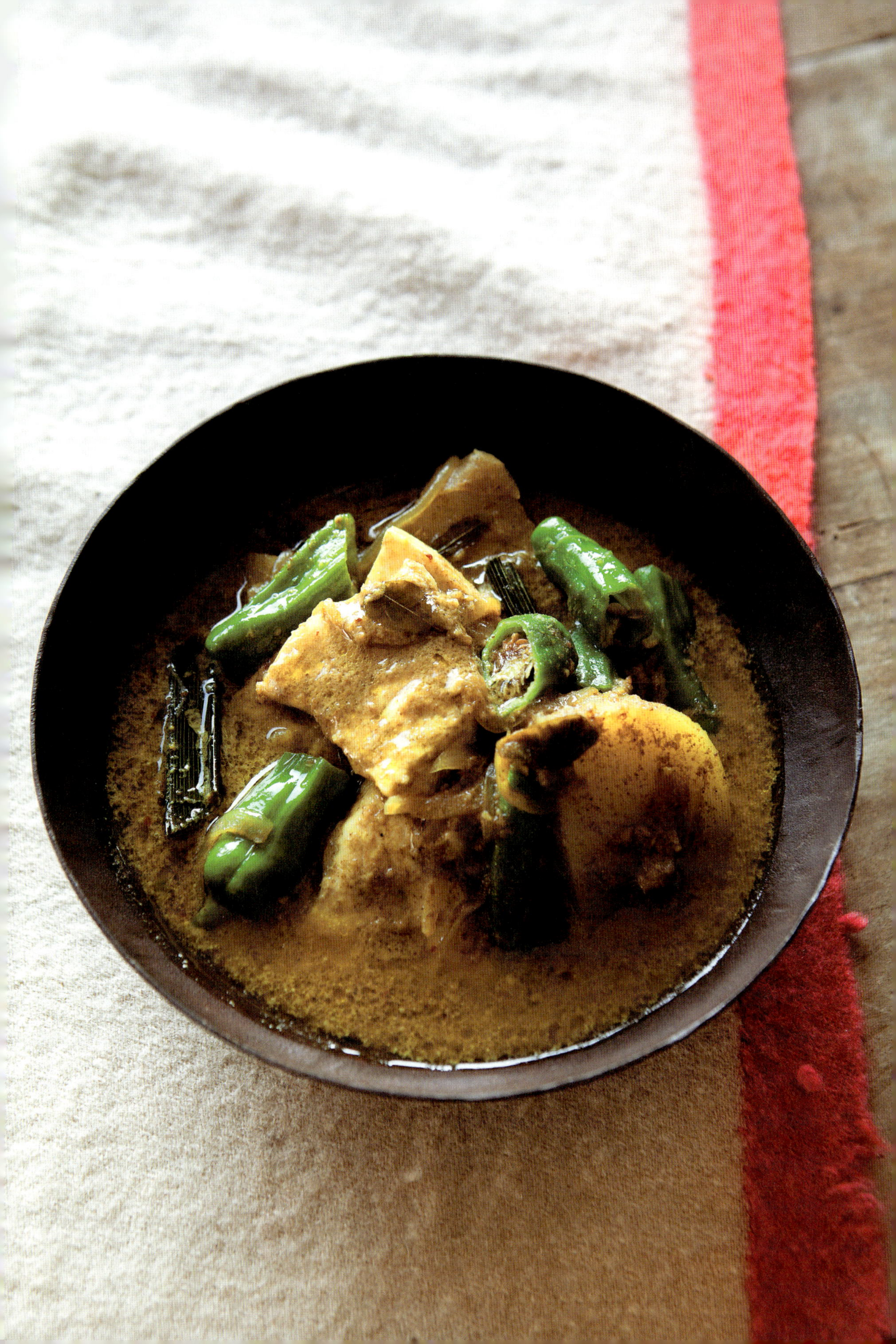

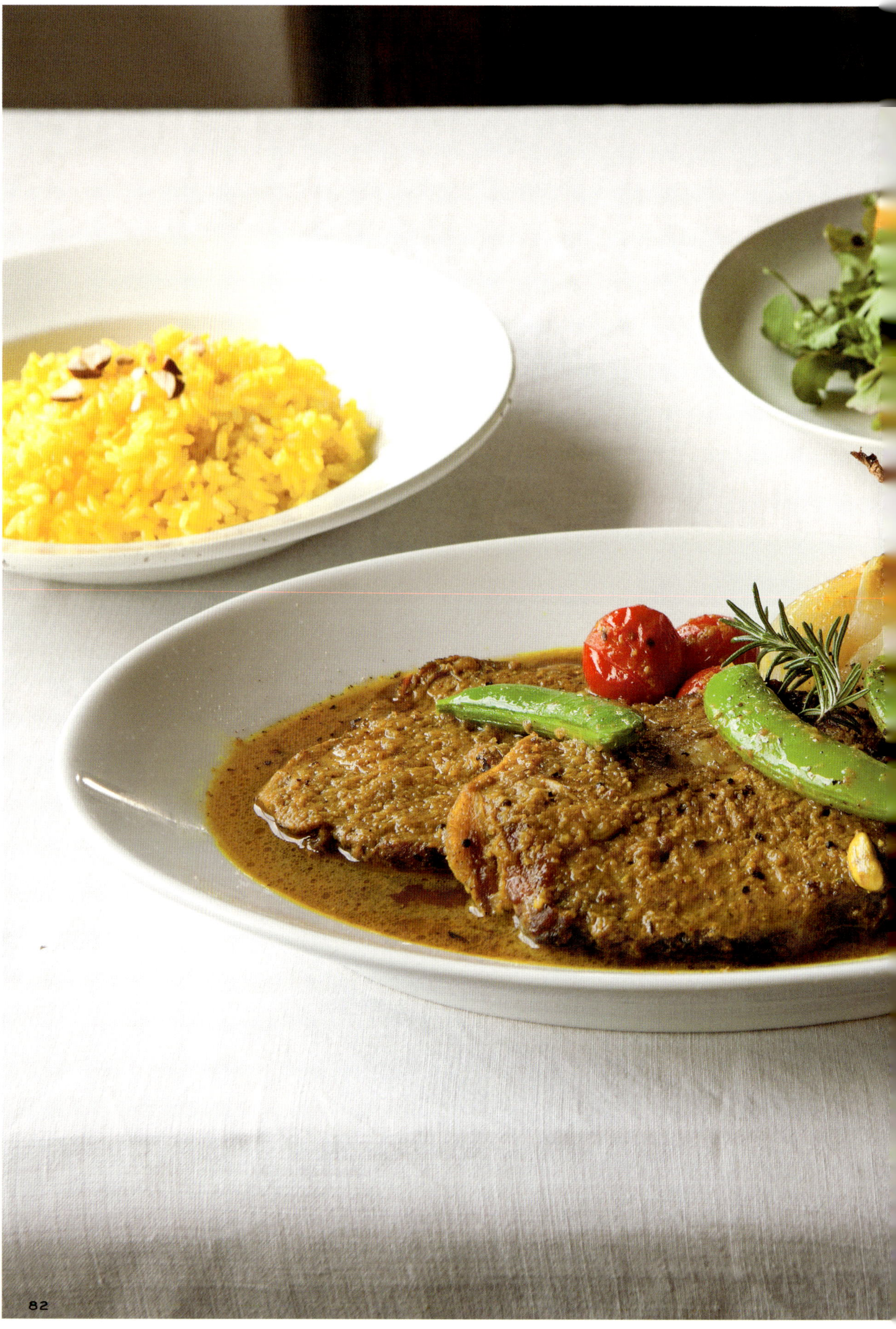

COLUMN
02
特別な日のカレー

オーブンで焼いた、大きなローストポークが入ったスープカレーは、特別な日のディナーにぜひ作ってみてください。柔らかくてジューシーな豚肉にきっと歓声が上がるでしょう。オーブンで一緒に焼いた丸ごとの玉ねぎは、玉ねぎ本来の甘さが口いっぱいに広がり、スパイシーなカレーと良く合います。付け合わせのサラダには、季節の果物で彩りと味のアクセントを加えました。自家製カレードレッシングをたっぷりかけていただきます。

ローストポークと玉ねぎのスープカレー

じっくりと焼いたローストポークに、丸ごとの玉ねぎ。
そこに、さらりとしたスープカレーを合わせました。
柔らかくジューシーな豚肉にカレーソースをまとわせるように
贅沢な気分でいただける、特別な日のカレーメニューです。

- クミン
- ターメリック
- マスタードシード
- コリアンダー
- ブラックペッパー
- カイエンペッパー
- カルダモン
- カレーパウダー
- ベイリーフ
- ガラムマサラ

果物のサラダ／カレードレッシング

数種類の葉野菜に果物を合わせたサラダは彩りもきれい。
果物は、いちごやりんご、柿やざくろなど、その季節のものを。
スパイスの香りを閉じ込めたカレードレッシングをかけて、召し上がれ。

- クミン
- マスタードシード
- カレーパウダー

材料（作りやすい分量）

ベビーリーフ —— 適量
からし菜 —— 適量
ルッコラ —— 適量
みかん —— 適量

[カレードレッシング]
米酢 —— 100㎖
塩 —— 大さじ1
砂糖 —— 大さじ2
サラダ油 —— 200㎖
ウラドダル* —— 小さじ1
クミンシード —— 大さじ1
マスタードシード —— 大さじ1
しょうゆ —— 大さじ2と2/3
カレーパウダー —— 大さじ1と1/2

*ウラドダル→P70

作り方

1 カレードレッシングを作る。酢に塩と砂糖を加えて混ぜ、塩と砂糖を溶かす。

2 鍋にサラダ油とウラドダルを入れて中弱火にかけ、うっすら色付いてきたらクミンシード、マスタードシードを加え、焦げないように気を付けながら、さらに加熱する。

3 香ばしい香りが出てきたら火から下ろして、しょうゆを少しずつ加える。再び火にかけて香ばしく沸き立たせる。再度、火から下ろしてカレーパウダーと1を加え、再び中弱火にかけながら温め、煮立ったら火を止め、冷ます。

4 葉野菜と、皮をむいて8等分にしたみかんを器に盛り、カレードレッシングを添える。

材料（作りやすい分量）

[ローストポーク]
- 豚肩ロース肉（ブロック）——1キロ
- にんにく（粗みじん切り）——2片
- ローズマリー（柔らかい新芽の部分）——3〜4枝分
- 塩——10g（肉の重量の1％）
- こしょう——適量

玉ねぎ（あれば新玉ねぎ）——5個

A
- クミンシード——小さじ2
- マスタードシード——小さじ2
- ブラックペッパー——ひとつまみ
- カルダモンシード——3個
- ベイリーフ——1枚

にんにく（みじん切り）——2片分
しょうが（みじん切り）——1片分
玉ねぎ（すりおろし）——中1個分

B
- ターメリック——大さじ1
- クミンパウダー——大さじ1と1/2
- コリアンダーパウダー——大さじ1と1/2
- カイエンペッパーパウダー——少々
- カレーパウダー——大さじ2

C
- 水——1.2ℓ
- しょうゆ——大さじ2と1/2
- 砂糖——小さじ2
- チキンブイヨン——小さじ1
- 塩——小さじ1/2
- こしょう——少々

ガラムマサラ——適量
スナップエンドウ——15本
ミニトマト——15個

作り方

1. ローストポークを作る。豚肉にナイフを刺して全面に穴を開け、にんにくとローズマリーを詰める（a）。塩、こしょうを全体によくすり込んでたこ糸を巻いて、形を丸くととのえる。1時間〜ひと晩おく（b）。

2. 天板に1と玉ねぎ5個を皮ごと並べ、180℃に予熱したオーブンで30分ほど焼く。玉ねぎに竹串がすっと通ったら取り出し（c）、肉はさらに30分ほど焼く。竹串を刺して透明な肉汁が出たら、そのまま30分ほどおいて肉汁を落ち着かせる（d）。

3. 鍋に、2で出た油にサラダ油（分量外）を加えて合わせて80mlにして、Aを入れて中弱火にかける。スパイスからふつふつと泡が出てきたら、にんにく、しょうがを加えて炒める。香りが立ったら、すりおろした玉ねぎを加え、茶色くなるまで炒める。

4. Bを加えて混ぜ（e）、スパイスが全体に回ったらCを加えて、沸いたら火を弱めて10分ほど煮る。

5. 2の豚肉を1cm厚さに切り（f）、ローストした玉ねぎは皮をむき、縦半分に切る。豚肉と玉ねぎを4に加え（g）、ガラムマサラも加えてさっと煮る。豚肉が温まったらスナップエンドウを入れて1分ほど煮てからミニトマトを加えてひと煮し、器に盛る。

「混ぜて食べる」からおいしい、スリランカのカレー

スリランカでは数種類のカレーを混ぜて食べるのが主流です。本書で紹介した3つのスリランカ風カレー［スリランカ風チキンカレー（P46）／スリランカ風ダルカレー（P72）／スリランカ風魚カレー（P80）］とポルサンボル（P93）を混ぜて、本場のスタイルを楽しんでみてください。

CHAPTER **03**

カレーのおとも
付け合わせと
ごはん

カレーと一緒に、ぜひ食べてほしい
季節の野菜をたっぷりと使ったレシピです。
日持ちするものは多めに作って
常備菜的にいただくのも良いと思います。
オクシモロンのカレーに合うごはんのレシピも4つ紹介しています。
いずれも水分を少な目にして炊き上げるのがポイントです。

豆のマリネ

茹でたての豆をビネグレットソースとカレーパウダーで和えるだけの、手軽なレシピです。
豆は好みのものを組み合わせて。ローストして砕いたアーモンドを加えてもおいしい。

カレーパウダー

材料(作りやすい分量)

ひよこ豆 —— 50g
白いんげん豆 —— 50g
赤いんげん豆 —— 50g
ビネグレットソース(P90下) —— 大さじ4
カレーパウダー —— 小さじ1と1/2

作り方

1 豆はそれぞれたっぷりの水にひと晩浸ける。戻し汁ごと火にかけ、柔らかくなるまで茹でて水けをきる。

2 豆が熱いうちにビネグレットソースとカレーパウダーを加えて混ぜる。

紫キャベツのコールスロー

スパイスがほんのりと香る、美しい紫色のコールスローは前菜としてもぴったり。調味料をしっかりなじませてから、オイルを回しかけてコーティングします。

クミン　マスタードシード
ブラックペッパー　ベイリーフ

材料(作りやすい分量)

紫キャベツ —— 1/2玉
A ┌ 水 —— 300ml
　│ クミンシード —— 大さじ1/4
　│ ブラックペッパー —— 大さじ1/4
　│ マスタードシード —— 大さじ1/4
　│ ベイリーフ —— 2枚
　│ 砂糖 —— 大さじ1
　└ 塩 —— 小さじ1
白ワインビネガー —— 大さじ3
オリーブオイル —— 適量

作り方

1 紫キャベツはせん切りにし、バットなどに入れる。

2 鍋にAを入れて火にかけ、沸騰したら弱火にして5分ほどスパイスの香りを煮出す。白ワインビネガーを加え、再び沸騰させて、熱いうちに1にかける。よく混ぜてそのまま冷めるまでおき、オリーブオイルを回しかける。

タブレ

クミン

タブレとは、パセリやクスクスを使ったサラダのこと。
アラブ諸国やフランスでは定番の前菜です。ハーブたっぷりで爽やかな香り。野菜は好みのもので作っても。

材料(作りやすい分量)

[クスクス]
　クスクス —— 75ml
　お湯 —— 75ml
　塩 —— ひとつまみ
　オリーブオイル
　　—— 大さじ1/2〜1

ミニトマト —— 1パック
きゅうり —— 2〜3本
紫玉ねぎ —— 1/2個
香菜 —— 1束
ミント —— 1パック
イタリアンパセリ —— 1束
レモンの搾り汁 —— 30ml(1/2個分)
塩 —— 小さじ1/2〜1
オリーブオイル —— 大さじ2
クミンパウダー —— 小さじ1
こしょう —— 少々

作り方

1 ミニトマトは半分に、きゅうりは縦に皮を数か所むいて1.5cmの小口切り、紫玉ねぎは縦横半分に切ってから繊維に沿って薄切り、香菜は1.5cm幅のざく切り、ミントとイタリアンパセリは葉を摘む。

2 ボウルにクスクスを入れてお湯を注ぎ、ふたをして5分蒸らしたら、塩とオリーブオイルを混ぜる。

3 ボウルに、香菜、ミント、イタリアンパセリの半量を入れ、残りの材料をすべて入れて混ぜる。器に盛り、残りのハーブを飾る。

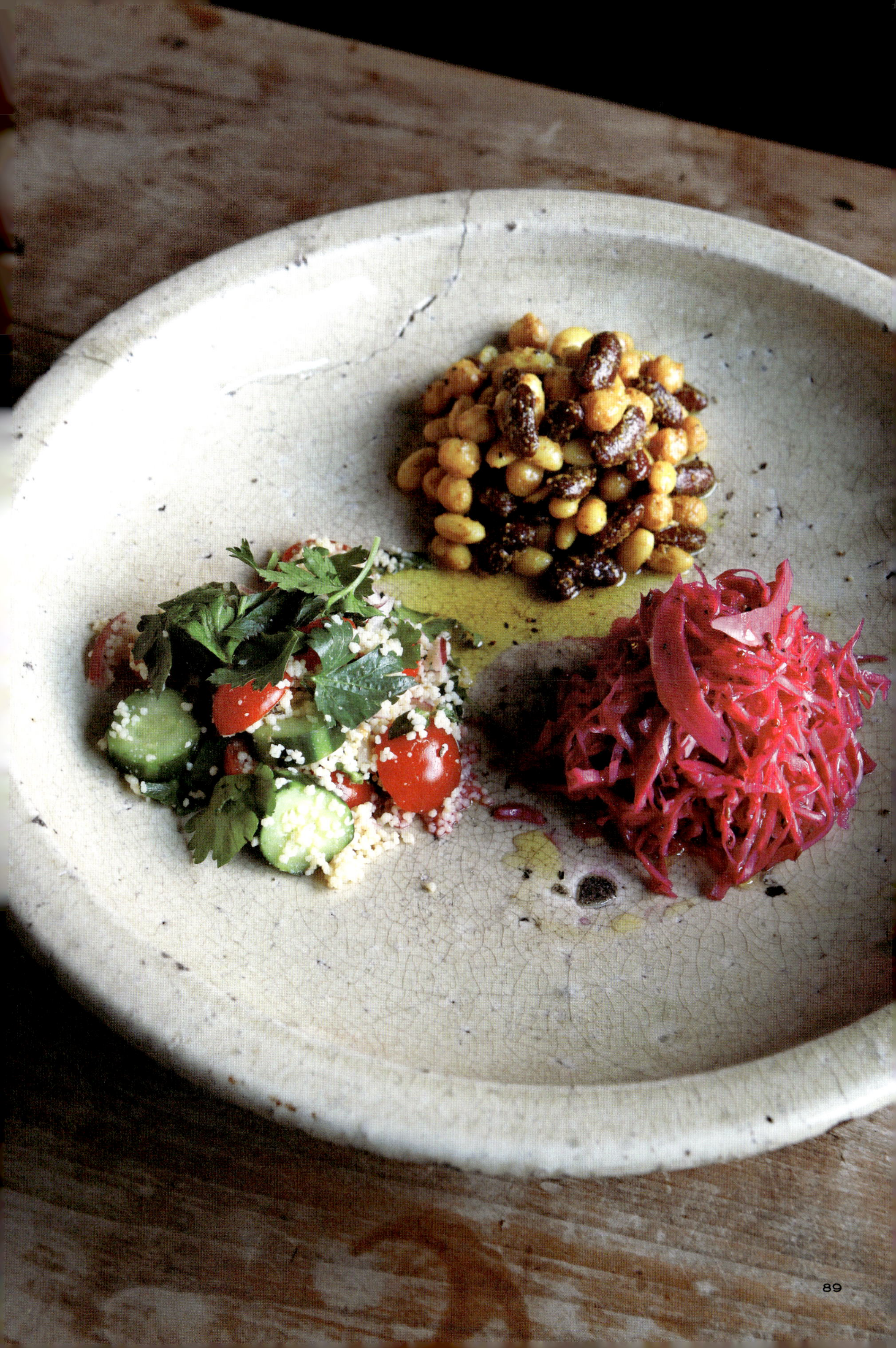

野菜のカレーピクルス

ホールスパイスをたくさん加えた、ほんのりカレー風味が
食欲をそそるピクルス。野菜をたくさん食べられる嬉しいレシピです。

材料（作りやすい分量）

にんじん —— 1本
赤、黄パプリカ —— 各1個
セロリ —— 1本
ごぼう —— 1/2本
かぶ —— 3個
みょうが —— 6本
大根 —— 1/4本

［ピクルス液］
水 —— 600㎖
白ワインビネガー —— 270㎖
砂糖 —— 40g
塩 —— 20g
ブラックペッパー（ホール）—— 小さじ1
カイエンペッパー（ちぎって種をのぞく）—— 2本
マスタードシード —— 小さじ2
ベイリーフ —— 2枚
クローヴ —— 5粒
クミンシード —— 小さじ1
コリアンダーシード —— 小さじ1
カレーパウダー —— 小さじ2

- ブラックペッパー
- クローヴ
- カイエンペッパー
- クミン
- マスタードシード
- コリアンダー
- ベイリーフ
- カレーパウダー

作り方

1. 野菜はすべて食べやすい大きさに切る。ごぼうはさっと茹でる。野菜は、耐熱の保存ビンや容器に入れる。
2. 鍋にピクルス液の材料をすべて入れ、ひと煮立ちさせ、熱いうちに1に注ぐ。そのままひと晩おく。

オクシモロンのお漬けもの

お店でカレーと一緒に出しているお漬けもの。しょうゆと酒に、三温糖のやさしい甘さを加えて。
ゆず酢と穂じそが爽やかに香り、スパイスの効いたカレーにぴったりです。

材料（作りやすい分量）

きゅうり —— 2本
にんじん —— 1/2本
大根 —— 1/5本
しょうが —— 1片
塩 —— 大さじ1/2

A ［ しょうゆ —— 150㎖
    酒 —— 30g
    砂糖 —— 80g ］
ゆず酢* —— 小さじ2
穂じそ —— 適量

＊Aは沸かしやすい分量
＊ゆず酢 → P103

作り方

1. 野菜はすべて食べやすい大きさに切る。しょうがはせん切りにする。野菜は塩をふってしばらくおく。
2. 鍋にAを入れてひと煮立ちさせ、冷ます。
3. 1の水けをきり、2を大さじ2〜3、ゆず酢、穂じそを入れて混ぜ、しばらくおいて味をなじませる。

にんじんのラペ

にんじんのせん切りにビネグレットソースを合わせて。くるみの香ばしさと食感がポイント。
ビネグレットソースはいろいろな野菜と相性が良く、日持ちもするので重宝します。

材料（作りやすい分量）

にんじん —— 2本
白こしょう —— 少々
くるみ —— 適量

［ビネグレットソース］
オリーブオイル —— 200㎖
白ワインビネガー —— 60㎖
マスタード —— 大さじ2
塩 —— 小さじ2と1/2
砂糖 —— 小さじ2と1/2
こしょう —— 少々

作り方

1. ビネグレットソースを作る。ボウルにオリーブオイル以外の材料を入れて良く混ぜる。塩と砂糖が溶けて全体が混ざったら、オリーブオイルを少しずつ加えて混ぜ、乳化させる。
2. にんじんはせん切りにし、ビネグレットソース大さじ4で和える（にんじんの大きさや太さによって調整する）。しんなりしたら味をみて、白こしょうを混ぜて、乾煎りして砕いたくるみを飾る。

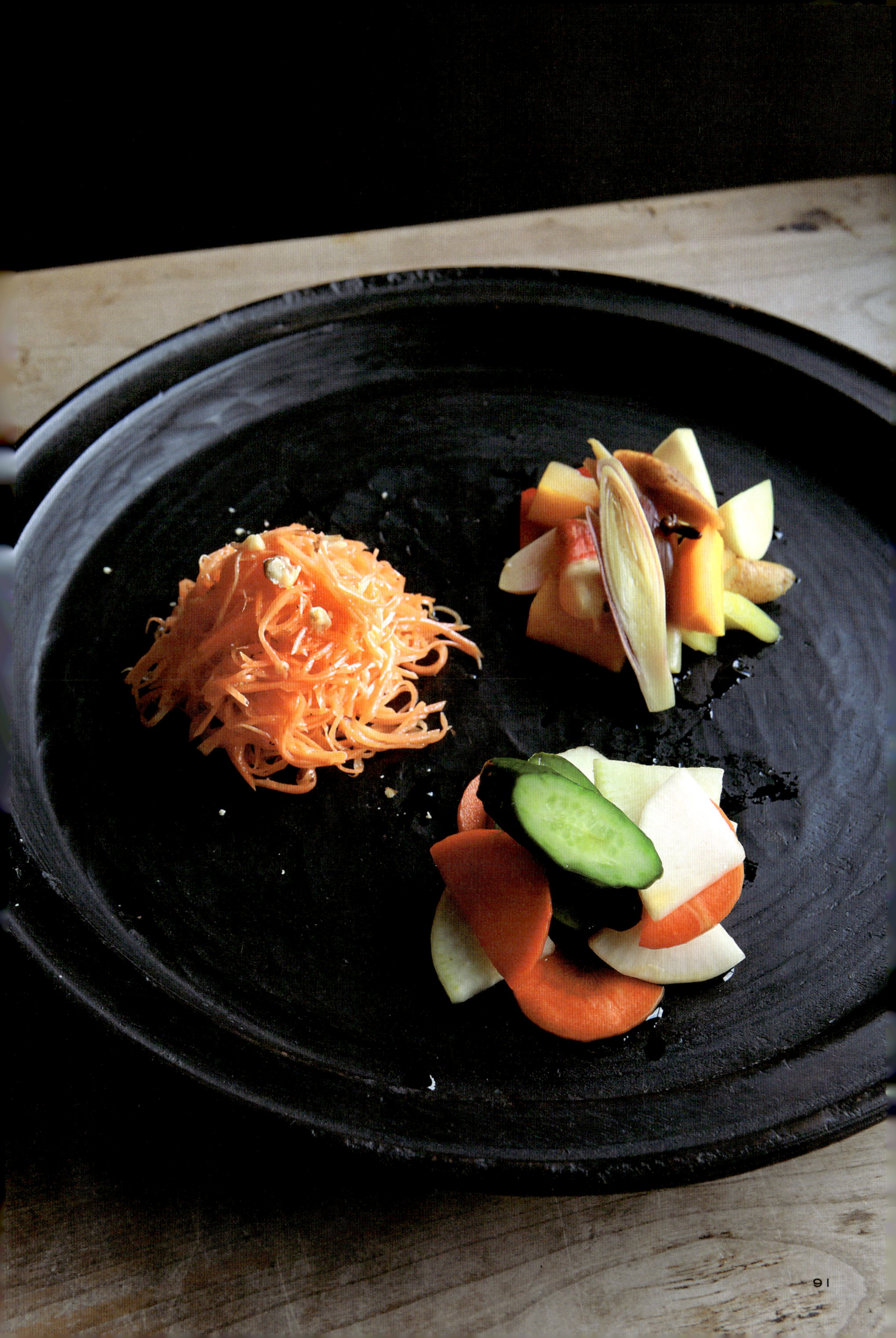

アチャール

インドやネパールで親しまれている
辛味と酸味が効いたピクルス、アチャール。
スパイシーなカレーとの相性も良く、
一緒に食べても交互に食べてもおいしい。
好みの野菜で、いろいろとお試しください。

材料（作りやすい分量）

カイエンペッパー

- 紫玉ねぎ —— 1/2 個
- クレソン —— 1束
- キャベツ —— 1/4 個
- しょうが —— 1片
- 塩 —— 小さじ1と1/2
- ゆず酢＊（またはレモンの搾り汁）—— 大さじ1
- カイエンペッパーパウダー —— 少々

＊ゆず酢 → P103

作り方

1 紫玉ねぎは縦横半分に切ってから繊維に沿って薄切り、クレソンは3〜4cm長さに切る。キャベツは4cm角くらいのざく切り、しょうがはせん切りにする。

2 ボウルにすべての材料を入れて混ぜる。

ネパール風アチャール

大根とにんじんに、フェヌグリークを加えた
ネパール風のアチャールです。
ごま油とすりごまで、風味も良く、
パリパリとした食感がおいしい。
ネパール系カレーの付け合わせに。

材料（作りやすい分量）

フェヌグリーク
ターメリック

- 大根 —— 1/4 本
- にんじん —— 小1本
- 塩 —— 小さじ1
- すりごま —— 大さじ4
- レモンの搾り汁 —— 1/2 個分
- ごま油 —— 大さじ1
- フェヌグリーク —— ひとつまみ
- ターメリック —— 小さじ1/2

作り方

1 大根、にんじんは拍子木切りにし、塩をふってしばらくおく。

2 1の水けをしっかりきってボウルに入れ、すりごま、レモンの搾り汁を加えて混ぜる。

3 小鍋に、ごま油とフェヌグリークを入れて弱めの中火にかける。フェヌグリークが茶色くなったら火を止める。ターメリックを加えてゆすり混ぜ、2にかけて和える。

にんじんのライタ

ライタとは、インドのヨーグルトサラダ。
カレーのお口直しにぴったりな一品です。
ヨーグルトだけを調味したり、きゅうりやトマトを
加えたりと、様々なレシピがあります。
にんじんでほんのり色付いたオレンジ色がきれいです。

材料(作りやすい分量)

にんじん —— 小1本
ヨーグルト —— 400g
クミンパウダー —— 小さじ1
カイエンペッパーパウダー —— 少々
塩 —— 小さじ1/2

クミン
カイエンペッパー

作り方

1. にんじんは、せん切りにする(または、しりしり器でおろす)。

2. すべての材料を混ぜて器に盛り、クミンパウダーとカイエンペッパーパウダーを各少々(ともに分量外)飾る。

ポルサンボル

紫玉ねぎにココナッツを合わせたポルサンボル。
スリランカではカレーと合わせたり、
ふりかけ感覚でごはんにかけて食べられています。
カイエンペッパーで辛味を、レモン汁で酸味を
加えるのがポイントです。

材料(作りやすい分量)

紫玉ねぎ —— 1/2個分
サラダ油 —— 大さじ2
A ┌ ココナッツファイン —— 100g
  │ 塩 —— 3g
  │ カイエンペッパーパウダー —— 3g
  │ スリランカカレーパウダー —— 15g
  │ カレーリーフ(なくても可) —— ひとつかみ
  │ ランペ(なくても可) —— 5cm長さ3本
  └ こしょう —— 少々
レモンの搾り汁 —— 1/2個分

カイエンペッパー
スリランカカレーパウダー
カレーリーフ
ランペ

作り方

1. 紫玉ねぎは縦横半分に切ってから繊維に沿って薄切りにする。

2. フライパンにサラダ油を熱し、紫玉ねぎを炒める。透き通ってきたらAを加えて混ぜ、焦げないように注意しながら、香ばしい香りがするまで炒める。

3. 火を止め、レモンの搾り汁を加えて混ぜる。

ごはんのバリエーション

ごはんに合うオクシモロンのカレー。白いごはんでも良いですが、
ほんの少しアレンジすると、さらに食欲をそそる一皿になります。

オクシモロンのごはん

お店でいつも出しているごはん。
緑米を加え、つや出しと風味付けに
みりんを少量加えます。
はちみつでも良いです。

材料 (2 合分)

米 —— 2 合
緑米 —— 大さじ 2
みりん —— 小さじ 2

緑米
縄文時代に中国から伝わった
とされている古代米のひとつ。
もち米の玄米で、粘りが強く
て甘みがある。

作り方

1 緑米は殻を傷つけるようにして揉み洗いする。白米と合わせて研ぎ、炊飯器に入れる。みりんを回しかけ、少なめに水加減して炊く。

クミンライス

普通に炊いたごはんに、バターと
スパイスを合わせたクミンライス。
バターの風味とクミンとマスタードの
香りが、カレーに良く合います。

材料 (2 合分)

米 —— 2 合
無塩バター —— 20 g
クミンシード —— 小さじ 1/2
マスタードシード —— 小さじ 1/2
塩 —— 小さじ 1/2
こしょう —— 少々

クミン

マスタードシード

作り方

1 米を研いで炊飯器に入れ、少なめに水加減して炊く。

2 小鍋にバター、クミンシード、マスタードシードを入れて中弱火にかける。スパイスがはじけてきたら、炊けたごはんに回しかけ、塩、こしょうをして混ぜる。

ターメリックライス

バターとターメリックを一緒に
炊き込みます。水加減は少なめに。
とくにトマト系やスープ系のカレーとの
相性が良いです。

ベイリーフ
ターメリック

材料（作りやすい分量）

米 —— 2合
塩 —— 小さじ1/2
無塩バター —— 20g
ベイリーフ —— 1枚
ターメリック —— 小さじ1/2

作り方

1 米を研いで炊飯器に入れる。少なめに水加減し、残りの材料をすべて入れて混ぜ、炊く。

しょうがライス

せん切りにしたしょうがを
たっぷり炊きこみます。
しょうゆとみりんを加えているので
和風なのに、カレーに合います。

材料（2合分）

米 —— 2合
しょうが（せん切り）—— 1片分
しょうゆ —— 大さじ1
みりん —— 大さじ1/2

作り方

1 米を研いで炊飯器に入れる。少なめに水加減し、残りの材料をすべて入れて混ぜ、炊く。

チャパティ

お米と並んでインドの食卓に欠かせない主食。発酵要らずで簡単に作れます。
インドでは、タワという専用のフライパンで一枚ずつ焼き、最後に直火で炙ります。

材料（4枚分）

アタ —— 200g
塩 —— 少々
水 —— 100〜130㎖
バター —— 適量

アタ
チャパティを作るときに使う強力粉の一種。インド産の全粒粉を細かく挽いた粉。

作り方

1 ボウルにアタ、塩を入れて混ぜ、水を少しずつ加えながらこねる。耳たぶくらいの固さになったら、表面をきれいにならして丸め、ぬれぶきんかラップをかけて1時間ほど寝かせる。

2 4等分にして丸め、打ち粉（分量外のアタ）をした台の上で軽くつぶしてから、めん棒を使って直径15〜16㎝に丸く伸ばす（a）。

3 弱めの中火にかけたフライパンで両面を焼く（b）。生地が膨らんできたら乾いた布巾で膨らんだ部分を押さえながら焼く（c）。1枚を2〜3分で焼くのが目安。

4 両面が焼けたら最後に直火でさっと炙り（d）、バターを塗る。

CHAPTER **04**

甘いものと
飲みもの

オクシモロンでは、カレーはもちろんのこと、
甘いものと飲みもののメニューも豊富です。
甘いものは、スパイスが効いたカレーのあとに食べると、
ホッと安心できるような甘さに仕上げています。
チャイやラッシー、自家製のシロップと、飲みものも。
単なる脇役ではなく、「名脇役」な自慢のレシピです。
どれも簡単で作りやすいので、ぜひ、試してみてください。

焼きりんご

りんごを丸ごと一個使った、見た目も愛らしい焼きりんご。
コクのあるアーモンドクリームにりんごの果汁が染みて美味。
酸味が少なく甘味のバランスが良い、ふじを使用しています。

シナモン

材料（4個分）

りんご（ふじ）—— 4個
シナモンスティック —— 4本
粉糖 —— 適量
シナモンパウダー —— 適量

［アーモンドクリーム］
  バター（常温に戻す）—— 60g
  グラニュー糖 —— 60g
  卵（常温に戻す）—— 1個
  アーモンドパウダー —— 60g
  ラム酒 —— 小さじ2

作り方

1. アーモンドクリームを作る。ボウルにバターとグラニュー糖を入れて、クリーム状になるまで混ぜ、よく溶いた卵液を少しずつ加えて混ぜる。よく混ざったらアーモンドパウダー、ラム酒を加えてさらに混ぜる。

2. りんごは底の部分だけ残して芯をくり抜き、アーモンドクリームをたっぷり詰める。シナモンスティックを差し込み、フォークか竹串でりんごの表面に数か所穴を開ける（皮だけむけ落ちるのを防ぐ）。

3. 160～170℃のオーブンで30～40分焼き、器に盛る。粉糖とシナモンパウダーを飾る。

いちごのクルフィ

インドでアイスクリームとして親しまれているクルフィに
いちごを合わせたら、見た目もかわいらしいデザートに。
清涼感のあるカルダモンの香りがいちごの甘さを引き立てます。

カルダモン

材料（17×11cmの四角い型・1台分）

いちご —— 1パック（約250g）
カシューナッツ —— 20g
A ┌ エバミルク —— 170g
　│ 生クリーム（乳脂肪35%）—— 200mℓ
　│ 砂糖 —— 45g
　└ カルダモンシード —— 2粒
ローズウォーター —— 小さじ1
ピスタチオ —— 適量
ローズペタル（なくても可）—— 適量

ローズウォーター
バラの花びらとミネラル豊富な地下水を蒸留させて採取したローズウォーター。食用のものはデザートなどに使われる。

作り方

1 いちごは一粒を8等分に切る。カシューナッツは乾煎りして粗く刻む。

2 鍋にAを入れて中弱火にかける。砂糖が溶けたら、いちご、カシューナッツ、ローズウォーターを加えてさらに過熱し、沸騰直前で火を止め、カルダモンを取り出す。

3 冷めたら型に入れ、冷凍庫で冷やし固める。

4 ひと口サイズに切って器に盛り、粗く刻んだピスタチオとローズペタルを飾る。

シュリカンド

水切りヨーグルトで作る、滑らかな口当たりのデザート、シュリカンド。
サフランを加えたら混ぜすぎないほうが、マーブル状になってきれい。
ヨーグルトの水切りは、コーヒードリッパーを使うと簡単です。

材料(作りやすい分量)

ヨーグルト —— 450g
砂糖 —— 30g
サフラン —— ひとつまみ
アーモンド —— 適量
ピスタチオ —— 適量

サフラン
地中海沿岸を原産とする香辛料のひとつで、色付けにも多用されるスパイス。サフランライスでもおなじみ。

作り方

1 ざるにガーゼかキッチンペーパーを敷いてヨーグルトを入れ、ひと晩水切りをする。

2 1に砂糖とサフランを加えて混ぜ、器に盛る。乾煎りして砕いたアーモンドとピスタチオを飾る。

バナナのマリネ

あっという間にできる食後のお口直しにぴったりな簡単デザート。
隠し味に塩をほんの少し加えて、バナナの甘さを引き出します。
パイナップル、いちご、ぶどう、りんごなど、盛りだくさんにしても。

材料(作りやすい分量)

バナナ —— 2本
レモンの搾り汁 —— 1/2個分
ブラウンシュガー —— 小さじ1
塩 —— 少々

作り方

1 バナナは2cm厚さに切る。

2 ボウルにすべての材料を入れて和える。

マサラチャイ

オクシモロンのチャイは、
しっかり濃くて、スパイスの香りが芳醇なのが特徴。
水から茶葉を煮出して味を出し、牛乳を加えるのがポイントです。
砂糖の量はお好みで調整を。ブラウンシュガーとよく合います。

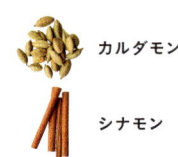

カルダモン
シナモン

材料（1杯分）

A ┌ 紅茶 —— ティースプーン2杯
　│ 水 —— 100 ml
　│ しょうが（すりおろし）—— 小さじ1/2
　│ カルダモンシード —— 1粒
　└ シナモン —— 1片
牛乳 —— 150 ml
ブラウンシュガー —— 適量

作り方

1. 鍋にAを入れて中火にかける。沸いたら火を弱め2分ほど煮出す。

2. 牛乳とブラウンシュガーを加え、沸いたら火を止めて濾しながらカップに注ぐ。

ゆず水

さっぱりとした味わいのゆず水は
カレーとの相性抜群。
ゆずの香りと酸味を引き立たせるのは、
ひとつまみの塩。爽やかな香りが
口いっぱいに広がります。

材料 (1 杯分)

ゆず酢 —— 大さじ1
水 —— 160㎖
砂糖 —— 適量
塩 —— 少々

ゆず酢
ゆずの産地・高知県のもの。オクシモロンではひとつひとつ手搾りしている「仁尾さんのゆず酢」を使用。100%ゆず果汁。

作り方

すべての材料をよく混ぜ、グラスに注ぐ。

ラッシー

インドではおなじみの飲むヨーグルト。
オクシモロンのラッシーは、
マイルドで濃厚なのが特徴です。
砂糖は溶けやすい粉糖を使いましたが、
好みのもので良いです。

材料 (1 杯分)

ヨーグルト —— 100g
粉糖 —— 大さじ2
牛乳 —— 100㎖

作り方

ヨーグルトに粉糖を加えてよく混ぜる。
粉糖が溶けたら牛乳を加えて混ぜ、グラスに注ぐ。

レモネードシロップ

レモンの爽やかな香りを閉じ込めたシロップ。
はちみつのまろやかな甘みがポイントです。
レモンスライスも皮ごと食べたいので、
国産のレモンで作ってください。

材料（作りやすい分量）

レモン（国産のもの）—— 2個
レモンの搾り汁 —— 6個分
はちみつ —— 400g

作り方

1　レモンは薄切りにする。

2　レモンの搾り汁とはちみつをよく混ぜ、はちみつが溶けたらレモンの薄切りを入れる。

パナシェ

ビールに自家製レモネードを加えれば、
パナシェのでき上がり。
熱い夏に、カレーに合わせたい一杯。

材料と作り方（1杯分）

グラスにビール小瓶1本を注ぎ、レモネードシロップ大さじ3を加えて軽く混ぜる。

レモネード

シロップに水を加えるだけで、
本格的なレモネードに。
炭酸で割ったレモンスカッシュもおすすめ。

材料と作り方（1杯分）

グラスにレモネードシロップ大さじ4と水140mlを入れてよく混ぜる。

ジンジャーシロップ

しょうがをじっくりと煮出してから、
三温糖とレモンを加えました。
ピリッとした辛さの中に、レモンの
すっきりとした酸味と香りが広がります。

材料（作りやすい分量）

しょうが（国産のもの）—— 300g
水 —— 1ℓ
カイエンペッパー —— 2本
砂糖 —— 300g
レモン（国産のもの）—— 1と1/2個

作り方

1　しょうがは薄切りにする。鍋に水、カイエンペッパー、しょうがを入れて中火にかけ、煮立ったら火を少し弱めて1時間ほど煮る。

2　砂糖を2回に分けて加えて混ぜ、レモンを搾って皮も加える。レモンが柔らかくなるまで30分ほど煮る。

カイエンペッパー

シャンディガフ

自家製のジンジャーシロップで作ったシャンディガフは絶品。レモンを搾り入れ、さらに爽やかな味わいに。

材料と作り方（1杯分）

グラスにジンジャーシロップ大さじ3を入れてレモン1/8個を搾り入れ、ビール小瓶1本を注ぐ。

ホットジンジャー

体の芯からポカポカしてくる
ホットジンジャーは、
シロップをお湯で割るだけ。

材料と作り方（1杯分）

カップに湯120mlとジンジャーシロップ大さじ4を入れてよく混ぜる。

COLUMN 03
スパイスを配合する

スパイスを合わせてミルで挽く。ただそれだけのことですが、スパイスを配合することは、何よりも楽しい。できたてのスパイスや調味料は香り高く、とても新鮮です。カルダモンなど硬いスパイスもあるので、できれば、ミルを使ってください。よく作るなら、スパイス専用に小さいミルを用意すると良いかもしれません。でき上がったものは密閉容器に入れて高温多湿を避けて常温保存を。あまり時間が経つと香りが飛んでしまうので、できるだけ早く使い切るように心がけてください。

ガラムマサラ

オクシモロンのカレーで、とくに良く使うスパイスのひとつ。仕上げのほか、温め直したカレーに加えるとさらに香りが立っておいしくなります。

材料（作りやすい分量）

クミンシード —— 50g
ブラックペッパー —— 25g
カルダモンシード —— 10g
クローヴ —— 7g
マスタードシード —— 10g
フェンネルシード —— 10g
ベイリーフ —— 1枚
ブラックカルダモン —— 3個
シナモンパウダー —— 10g

作り方

1 シナモンパウダー以外の材料を合わせ、ミルで挽いてからふるう。

2 シナモンパウダーを加えて混ぜる。

＊ミルで挽く前に弱火で炒ると、香ばしい風味が加わる。

スリランカカレーパウダー

スリランカ系のカレーに欠かせないスパイス。
モルジブフィッシュがポイントです。

材料（作りやすい分量）

ガラムマサラ（またはカレーパウダー） —— 30g
コリアンダーパウダー —— 30g
カレーリーフ（ドライ） —— 10枚
モルジブフィッシュ（または、かつおぶし） —— ひとつまみ

作り方

1 カレーリーフ、モルジブフィッシュはミルで細かくする。

2 すべての材料をよく混ぜる。

モルジブフィッシュ
ハガツオの加工品。粗野な荒々しい味が特徴です。手に入りづらいので、荒削りのかつおぶしで代用しても。

アリッサ

オイルにスパイスを混ぜ合わせた調味料。
好みで、生の香菜やコリアンダーシードを加えても。

材料（作りやすい分量）

にんにく（すりおろし） —— 小さじ1
砂糖 —— 小さじ1
クミンパウダー —— 小さじ2
コリアンダーパウダー —— 小さじ2
パプリカパウダー —— 小さじ2
カイエンペッパーパウダー —— 小さじ2
塩 —— 小さじ1/2
オリーブオイル —— 大さじ1〜

作り方

1 オリーブオイル以外の材料を良く混ぜ、オリーブオイルを加えて固さを調整する。

OXYMORONのこと
オクシモロン

7年前、様々な偶然が重なり、鎌倉にオクシモロンをオープンすることになりました。前のお店は地下だったこともあり、陽の光を求めて、何かに導かれるように、眺めの良い今のお店にやって来ました。学校の教室で先生の声を聞きながら、窓の外を向いてぼんやりと空想にふける。そんな記憶が蘇る、なんだか落ち着ける空間。今もときどきお気に入りの席に着いて考えごとをすることがあります。

店名の「オクシモロン」は、素敵な言葉を見つけることが得意な友人が考えてくれました。「瞬間の永遠」「静寂の音」「明るい闇」など、矛盾した言葉を並べて表現する撞着語法を意味します。私はこの言葉の虜になり、お店の名前はこれしかないと決めました。

お店では、毎日5種類のカレーを用意し、辛さは5段階で選ぶことができます。いろんなタイプのカレーがありますが、大きな具がごろごろと入っていて、薬味をたっぷりとのせて食べるのが特徴です。自分らしいカレーってなんだろう、みんなが食べたいカレーってどんなものだろう。そんな風に考えて、あれこれ試して生まれたレシピばかりです。また、カレーだけでな

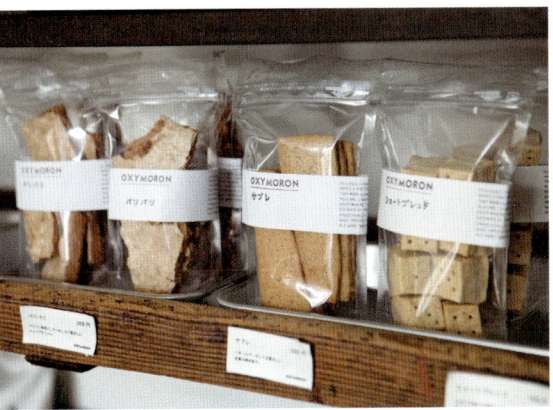

く、食後の甘いものとコーヒーも重要な存在です。オリジナリティを大切にし、食事を最後まで楽しめるようにと考えています。

料理を作ることとお店を運営することは、本来は別のことです。でも、オクシモロンではそれを両立することができ、その喜びを日々感じています。これからも、お客様から笑みがこぼれてしまうような、気持ちのこもったサービスを提供していきたいと思っています。

また、一緒に働いてくれているスタッフは、お客様と気持ちを共有し、喜んでもらうことを何よりも楽しみながら、お店を支えてくれている頼もしい存在です。そのスタッフが、お休みの日も、あるいはお店を辞めてしまったあとも、また遊びに来たくなるようなお店であり続けたいと思っています。

オクシモロンのある小町通りは、いわずと知れた観光地です。古くからの個性的なお店が数多くある一方、新しいお店もどんどん開店するという場所柄。そんな鎌倉の地で何十年も続くお店をやること。それが今の私の目標です。

お店で使うイイホシユミコさんの器

お店で使っている器は、磁器作家でありプロダクトの器も製作されている、イイホシユミコさんにデザインして作っていただきました。

まず伝えたのは、「かわいい印象ではなく力強いものを」ということ。そして、「普遍的で毎日の生活にしっかりなじみ、長く使えるようなものを」とお願いしました。オクシモロンは男女問わず訪れてもらえて、骨太で力強いお店をイメージしていたので、誰が手にしても違和感のない器にしたかったのです。そして、オクシモロンのイメージカラーは深緑色ですと伝えたところ、織部の釉薬をかけた、この器ができ上がりました。プロダクトでありながらもそれぞれにニュアンスの異なる味わい深さがあるところ、和食器のようで北欧食器のようでもある様々な表情を持つところ、そしてどんな料理もおいしそうに見せてくれるこの器がとても気に入っています。

プレートは3種類で、そのほかに、ボウル、ティーカップ、コーヒーカップがあります。電子レンジや食洗機にも使えるタフな作りなので重宝していますが、お店で使っていると、どうしても少し欠けてしまうことがあります。欠けた部分は、何度も漆を塗り重ねてから真鍮で仕上げて、自分で継いで修復しながら、一枚一枚大切に使っています。

手作りの甘いもの

オクシモロンをはじめた当初は、二子玉川のお店から一緒だった2人のスタッフに甘いものを作ってもらっていました。その頃に作られたプリンやチーズケーキ、レモンケーキなどは今も変わらずに人気の、お店の定番の味です。その後、現在のパティシエへと代わりましたが、甘いものへの想いは変わることなく引き継がれ、さらに進化しています。

お店には、お土産としても喜ばれる、ずっしりと重たいパウンドケーキや、食後にお出ししているくるみのおやつ、「ツブツブ」「ホロホロ」「ゲジゲジ」などネーミングが楽しいクッキーを種類豊富に揃えています。どこか懐かしさを感じる焼き菓子も、ひとつひとつお店で手作りしています。

スタッフのエプロンとコックコート

器と同様に、スタッフが着用しているエプロンとコックコートもオリジナルで、お店のオープンのときに作りました。コックコートはフランスのワークウェアからイメージしたもの。後ろにベルトが付いていて、すっきりとしたシンプルなデザインです。エプロンはポケットに手を入れやすいように立体的にするなど、使いやすいようさりげない工夫がされています。コックコートはお店でユニフォームとして着るだけでなく、肌寒い日にちょっと一枚はおることができ、私自身普段着としても着ています。

白や紺、すみ黒などのカラー展開もあり、お店で販売もしています。

村上愛子

OXYMORON創業者。
二子玉川で昼だけのカレー屋を5年間営んだ後、2008年鎌倉にOXYMORONをオープン。おいしいものへの探究心旺盛。週末には行列ができるほどの人気店となっても、いつも新しいメニューに挑戦することを忘れず、休日もスパイスにどっぷりと浸かる日々を送っている。魂をゆさぶる音楽と、幸せをもたらすおいしいものが好き。

OXYMORON komachi
（オクシモロン コマチ）
住所　神奈川県鎌倉市雪ノ下1-5-38 2F
TEL.　0467-73-8626
営業時間　11:00～18:00　水曜日定休

OXYMORON 二子玉川
（オクシモロン 二子玉川）
住所　東京都世田谷区玉川3-17-1
　　　玉川髙島屋S・C南館 4F
TEL.　03-6805-6505
営業時間　11:00～19:00　無休

OXYMORON 北浜
（オクシモロン 北浜）
住所　大阪市中央区北浜1-1-22
TEL.　06-6227-8544
営業時間　平日 11:30～20:00　水曜定休
　　　　　土日祝 11:00~19:00

http://www.oxymoron.jp

STAFF

写真　安彦幸枝

デザイン　渡部浩美

スタイリング　平 真実、村上愛子

調理アシスタント　村上 香

取材　結城 歩

校正　池田美恵子

編集　脇 洋子（マイナビ出版）

スパイス5つからはじめる、旬の野菜たっぷりの具だくさんカレー
鎌倉OXYMORONのスパイスカレー

2015年7月 7日　初版第 1 刷発行
2024年6月10日　初版第19刷発行

著者　　村上愛子
発行者　角竹輝紀
発行所　株式会社マイナビ出版
　　　　〒101-0003 東京都千代田区一ツ橋2-6-3 一ツ橋ビル2F
　　TEL　0480-38-6872（注文専用ダイヤル）
　　　　03-3556-2731（販売）
　　　　03-3556-2735（編集）
　E-MAIL　pc-books@mynavi.jp
　URL　　https://book.mynavi.jp
印刷・製本　図書印刷株式会社

【注意事項】
・本書の一部または全部について個人で使用するほかは、著作権上（株）マイナビ出版および著作権者の承諾を得ずに無断で複写、複製することは禁じられております。
・本書についてご質問等ございましたら、上記メールアドレスにお問い合わせください。インターネット環境のない方は、往復はがきまたは返信切手、返信用封筒を同封の上、（株）マイナビ出版編集3部までお送りください。
・乱丁・落丁についてのお問い合わせは、0480-38-6872（注文専用ダイヤル）、電子メール：sas@mynavi.jpまでお問い合わせください。
・本書の記載は2015年6月現在の情報に基づいております。
・定価はカバーに記載しております。

©OXYMORON 2015
ISBN978-4-8399-5542-7
C2077
Printed in Japan